2015 年度教育部人文社会科学研究青年基金项目："通勤者出行方式选择行为机理研究：社会互动视角"（15YJC630095）
2017 年大连交通大学学术著作出版基金资助出版

通勤者出行方式选择行为研究

潘　驰　著

中国财经出版传媒集团

经济科学出版社
Economic Science Press

图书在版编目（CIP）数据

通勤者出行方式选择行为研究/潘驰著．—北京：经济科学
出版社，2017.9
ISBN 978 - 7 - 5141 - 8541 - 6

Ⅰ.①通…　Ⅱ.①潘…　Ⅲ.①城市交通－交通运输管理－
研究　Ⅳ.①U491.1

中国版本图书馆 CIP 数据核字（2017）第 252872 号

责任编辑：刘　莎
责任校对：隗立娜
责任印制：邱　天

通勤者出行方式选择行为研究

潘　驰　著

经济科学出版社出版、发行　新华书店经销
社址：北京市海淀区阜成路甲 28 号　邮编：100142
总编部电话：010 - 88191217　发行部电话：010 - 88191522
网址：www. esp. com. cn
电子邮件：esp@ esp. com. cn
天猫网店：经济科学出版社旗舰店
网址：http：//jjkxcbs. tmall. com
固安华明印业有限公司印装
710 × 1000　16 开　15 印张　270000 字
2017 年 9 月第 1 版　2017 年 9 月第 1 次印刷
ISBN 978 - 7 - 5141 - 8541 - 6　定价：50.00 元
（图书出现印装问题，本社负责调换。电话：010 - 88191510）
（版权所有　侵权必究　举报电话：010 - 88191586
电子邮箱：dbts@ esp. com. cn）

前　　言

　　城市的快速发展与经济的迅速增长，使私家车的持有与使用成为人们满足出行需求的重要方式。然而，城市人口过度集中且大量使用私家车，造成了上下班高峰时期交通量暴增，市区道路逐渐饱和，产生了严重的道路拥堵现象，不仅给车辆的通行效率及停放造成了负面影响，还产生了噪音、空气污染等环境问题。可见，如何抑制私家车的使用与提升公共交通工具的使用率，已成为一个重要课题。

　　对城市中的通勤者而言，私家车、地铁、轻轨、公交车或出租车等，都是可供完成出行目的的替代性工具，即可供选择的消费性对象。而出行者选择交通工具是一系列的决策过程，本书将此一系列的过程视为一种消费行为，将通勤出行者视为交通工具使用的消费者，从消费者角度来评估各项影响其选择各种出行方式的因素。

　　本书通过叙述性偏好问卷设计的方式，探讨私家车通勤者的交通工具选择的影响因素，同时以大连市中心城区为实证区域，对"停车费用""公共交通工具的服务质量"以及"社会互动效用"等变量进行分析。针对大连市中心城区而言，私家车在私人交通工具中的使用量最大，因此在深入了解提高停车费率与公共交通工具的服务质量的政策下，私家车通勤者的交通工具选择行为将有助于制定切实有效的交通政策。

全书共分为八章。第一章"绪论"部分介绍了本书的选题背景、研究目的和研究意义等。第二章"相关文献评述"部分对相关领域的经典文献和国内外学者的最新研究进行了详细的评述，梳理了出行方式选择行为的研究分支与流派，并重点关注了出行方式选择行为的影响因素及研究方法。第三章为本书的理论基础部分，为后续各章节作以铺垫。第四至七章为本书的重点。第四章中，建立了多项 Logit 模型、巢式 Logit 模型以及混合 Logit 模型对私家车通勤者的出行方式选择行为进行分析，研究结果显示，公共交通工具的服务质量及停车收费的高低确实会影响通勤者的交通工具选择行为。由敏感度分析结果可知，通勤者对于出行成本的感受较为强烈，因此通过收取停车费用，辅以补贴公共交通票价并提升公共交通运行速率，将更可以有效达到抑制私家车使用、鼓励公交出行的效果。第五章，在有限理性法则基础之上构建了通勤者出行方式转移模型，探讨通勤者由私家车转移至公共交通工具的行为模式。研究结果显示：公共交通服务质量对出行方式转移行为影响显著；私家车通勤者对于轨道交通的接受程度高于公交车；除收取停车费用外，降低公共交通工具的票价，也是提升公共交通工具竞争力的方式。第六章，借用市场营销学中被广泛应用的涉入理论，按照对公共交通工具涉入程度的高低将出行者分类为高涉入群体和低涉入群体，然后应用计划行为理论构造结构方程模型对分类人群进行分析。模型实证分析结果显示，不同涉入程度出行者的交通方式选择行为具有差异性：高涉入程度出行者的交通方式选择行为倾向于理性，低涉入程度出行者的交通方式选择行为则倾向于惯性。可见，交通诱导政策对高涉入群体所产生的效果更加显著。为研究社会互动效应对通勤者出行选择行为的影响，在第七章中，构建了导入社会互动效应的出行方式选择行为模型，并进行集体行为的均衡分析。进一步针对达成集体行为的均衡转移所需引入的政策干预的阈值进行定量估算。本书结果显示，政策干预仅需将略多于39%（临界质量）的个体选择公共交通出行，通过社会互动的影响，便能逐渐使更多的个体追随该行为，而达到71.4%（优势均衡）的公共交通出行比例。第八章为结论。

本书的主要创新点集中在以下几个方面：

（1）基于消费者行为理论，建立了通勤者出行方式选择Logit模型。将以往研究中较少定量研究的公共交通工具服务质量以虚拟变量的形式纳入分析模型当中，研究结果表明，考虑虚拟变量后模型的解释能力有所增强。

（2）从有限理性的角度出发，将有限理性法则应用于交通工具转移行为模型中，通过数理模型推导，找到了通勤者交通工具转移的无差异带（IBM），刻画出通勤者出行方式转移的机理，以及对不同公共交通工具的偏好。

（3）首先，构建了用来分析社会互动效果的交通行为模型，改善了以往隐含在行为模型中的"个体的决策独立于周边决策者"的假设，使模型更加贴近真实的情况；其次，本书利用社会互动理论考察群体行为对个体选择的影响，丰富了出行方式选择的前因研究；最后，本书从个体层次的选择行为模型推导出通勤者出行方式选择社会均衡等式，求得了出行方式集体平均选择水平的多重社会均衡，该模型可描述稳定均衡的僵持状态。

本书是教育部人文社会科学研究青年基金项目（15YJC630095）的阶段性成果之一，以通勤者作为研究对象进行分析。然而城市道路拥堵问题的成因不仅仅是通勤者的驾车出行，还包括以购物、休闲、出访等为目的的非通勤出行。后续研究可以从休闲、购物出行为研究范围进行深入研究，希望能全面了解城市中心区私家车出行者的交通工具选择行为。另外，在运用社会互动理论对通勤者的出行方式选择进行探讨时，隐含了"行为主体间是完全掌握彼此行为"的假设，即每个人都会完全接收到完整的"他人行为的信息"并受其影响，这在现实中是不存在的。实际上，通勤者在接受群体中他人影响时，会因为时间差异与空间间隔而使其不能完整地接收他人的行为信息。因此，集体行为的均衡效果将可能与模型预测结果有所差异。有关如何将时空效果简明地整合在模型当中，是后续研究所应考虑的课题。当行为主体加入或退出群体时，都会影响到集体行为均衡的结果。而在本书中，并没有考虑实施政策干预后，因诱增潜在需求而造成交通工具转移的可能性。但在实际上，当政策干预使交通高峰期通行顺畅后，可能会吸引使用其他交通工具通勤者转移为驾车出行。如果要深入考虑该问题，需要将调查对象扩展为全部通勤者，同时，在模型构造方面，必须使用多元选择的互动模型来进行分析。在实施政策干预之后，会使更多的通勤者选择公用交通工具，此时，若没有对公共交通的容量及服务水平进行分析，将会导致容量不足或服务水平下降的状况。这样一来，选择公共交通的意愿与选择公共交通的人数反而会从原来的正向关系转变为负向关系。因此，如果想要确保集体行为的反应曲线是适用的，在进行相关研究时，传统的交通工具供需调查、分析工作是必不可少的。

目　　录

第一章

绪　　论

第一节　问题的提出

城市快速发展与经济的成长，使得私家车的持有与使用成为人们用以满足出行需求的重要方式。我国大城市以及经济发达地区的中小型城市人均 GDP 已经处于 3 000~8 000 美元的汽车发展普及期。从全国范围看，民用汽车总量与 GDP 保持同步增长，私人汽车总量的增长显著高于 GDP 的增速。2013 全国汽车保有量已达到 1.37 亿辆，2014 年国内汽车保有量突破 1.4 亿辆。截至 2015 年底，汽车保有量达 1.72 亿辆，新注册量和年增量均达历史最高水平。2015 年新注册登记的汽车达 2 385 万辆，保有量净增 1 781 万辆，均为历史最高水平。私家车总量超过 1.24 亿辆，每百户家庭拥有 31 辆。2015 年，小型载客汽车达 1.36 亿辆，其中，以个人名义登记的小型载客汽车（私家车）达到 1.24 亿辆，占小型载客汽车的 91.53%。与 2014 年相比，私家车增加 1 877 万辆，增长 17.77%。全国平均每百户家庭拥有 31 辆私家车，北京、成都、深圳等大城市每百户家庭拥有私家车超过 60 辆。私人汽车保有量及增速情况如表 1-1 所示。

表1-1　　　　　　　　民用汽车、私人汽车的保有量及增速

年份	民用汽车保有量		私人汽车保有量		GDP 增速（%）
	保有量（万辆）	增速（%）	保有量（万辆）	增速（%）	
2006	3 697.4	—	2 333.3	—	12.7
2007	4 358.4	17.9	2 876.2	23.3	14.2
2008	5 099.6	17.0	3 501.4	21.7	9.6
2009	6 280.6	23.2	4 574.9	30.7	9.2
2010	7 801.8	24.2	5 938.7	29.8	10.4
2011	9 356.3	19.9	7 326.8	23.4	9.3
2012	10 933.1	16.9	8 838.6	20.6	7.8
2013	12 741.2	16.5	10 501.7	18.8	7.7

资料来源：中国统计年鉴。

　　城市中心区域大量使用私人交通工具，导致通勤高峰期交通需求量暴增，道路容量趋于饱和甚至超饱和，产生了严重的交通拥堵问题。行车质量下降的同时，还产生了停车位短缺、车辆乱停乱放等现象，噪音、空气污染等问题也随之出现。依据大连市交通局 2013 年居民出行调查结果显示，大连市中心城区出行者所采用的交通方式中，私人交通工具占32%，已经成为一种主要的出行方式。这种交通方式分担率导致的结果是市区主要路段高峰期拥堵已成常态，居民出行时间成本大幅提高，空气质量急剧下降，社会总福利日益缩水。

　　如何抑制私人交通工具的使用以及提升公共交通工具的出行分担率，是解决城市中心区交通问题的关键，同时也是一个十分值得研究的课题。为减少私家车无节制使用所产生的各种问题，城市交通管理部门一方面，通过建设完善的公共交通系统以增强公共交通的便捷性与服务质量，进而提升公共交通系统的使用率（国务院办公厅，2005），例如，兴建轨道交通系统、规划公交车专用道等。另一方面，通过交通需求管理政策措施来抑制私家车的使用，达到改善城市交通问题的目的。例如，主干道禁止路

边停车、拥堵路段收费以及增加汽车停车费用，都是以抑制私家车的使用为目的的，其中，增收停车费用的政策更能合理反映私家车使用者所必须支付的使用成本。上述的交通管理政策、方法可以归纳为"推拉策略"，即利用价格机制与使用管理的推力策略，抑制私家车的持有与使用需求；另外，利用改善公共交通工具的服务质量的拉力策略，以期提升公共交通工具的市场占有率。这种依赖于改变外在条件来调整出行者行为的"结构策略"取得了一定的成效，但是并未显著改变城市交通的现状。

造成私家车过度使用的深层次原因在于出行者在选择出行使用的交通工具时，并不只是理性地考虑个人效用，还会参考所在群体中其他成员的出行选择，来决定个人的出行方式，这种行为方式既为"社会互动"。社会互动效用经常使人们处于"社会困境"之中，社会困境可以通过两个条件来定义（Dawes，1980）：①无论社会其他成员如何选择，当个体选择非合作（本书指私家车通勤）时，相比选择合作（本书指乘坐公共交通工具通勤），该个体将获得更多的利得；②当所有人选择合作时，相比所有人选择非合作，每个人将获得更多的利得。然而，在大多数人都选择非合作的情况下，个体没有基于利得的动机去选择合作（道斯，2000）。换句话说，在社会困境中，经常可以观察到个体有着遵从多数人行动的倾向，这会导致社会僵持在劣势均衡状态。因此，当提出用来解决社会困境的政策措施时，如果仅从对个体的影响及其统计结果来进行政策评估是不充分的。当前主流的交通行为模型往往把个体行为独立于他人行为之外，这会使交通政策的实施效果十分有限。

本书希望了解停车费用对私家车通勤者转移到公共交通工具以及公共交通工具服务水平对交通工具选择行为的影响。同时，本书将私家车过度使用问题视为一种社会困境，构造"导入社会互动效果的出行方式选择行为模型"，来分析集体行为如何达到均衡转移的阈值，进而对消除劣势均衡所应导入的政策措施进行评估。解析如何从大多数人都选择驾车通勤的非合作状态（劣势均衡）转变为选择乘坐公共交通工具通勤的合作状态（优势均衡），为城市交通规划与管理提供政策干预的参考建议。

第二节 研究目的与研究方法

一、研究目的

了解影响通勤者交通工具选择的影响因素与模型理论，本书在收集搜集国内外相关文献基础之上，建立私家车通勤者的交通工具转移行为模型与交通工具选择模型，探讨停车费用、交通工具服务质量对于使用私家车的通勤者交通工具选择的影响。为验证模型的适用性，本书选择大连市为调查地点，通过问卷调查使用私家车的通勤者的交通工具转移与选择行为。在出行方式选择模型中分别建立多项 Logit、巢式 Logit 以及混合 Logit 进行估计，并分析模型的优劣。以有限理性法则建构转移模型，预测停车费用增收的政策下，私家车通勤者转移至公共交通工具的变化情况，以设计多个情境下的方式进行敏感度分析，用以了解私家车通勤者的转移情形。

决策行为是理性的还是惯性的，直接影响交通诱导策略是否能有效缓解城市交通拥堵问题。若出行者的选择行为是理性的，会通过收集充分的信息，并比较各种出行方案的优劣后进行决策，那么，交通诱导策略改变了出行者信息获取的数量、替代交通工具方案的优劣关系，将有效地改变交通方式选择行为。然而，如果选择行为是惯性的，行为的决策主要受到过去行为经验的影响，会导致各种诱导措施难以收到实效。过去研究对于决策行为是理性还是惯性各有支持者，因此，公交诱导策略是否会影响交通方式选择行为还未形成统一的论断。基于上述背景，为探讨交通诱导策略对出行者的交通方式选择行为的影响，本书借用市场营销学中广泛使用的涉入理论，将出行者按照公共交通工具涉入程度的高低予以分类，并针对不同涉入程度的群体采用计划行为理论建立结构方程模型，以分析不同涉入程度出行者的交通方式选择行为是倾向于理性的或是倾向惯性的，此项决策行为的差异预期将影响公共交通工具诱导策略的效果。

为改善以往隐含于个体选择模型中的"个体决策独立于周边决策者"的假设，使模型更加贴近真实。考虑到社会效用及心理因素对个体选择行为的影响，构建"导入社会互动效应的出行方式选择行为模型"，对社会互动效果是否存在以及影响程度加以检验和测量。若存在社会互动效应，将求取"集体行为的均衡转移阈值"，并依据该阈值，针对改善交通状况的目的，提出应实施的政策干预程度。

二、研究对象

基于大连地区居民的私人交通工具使用特性，私家车的使用率远高于自行车、摩托车，因此，本书私家车系定义为汽车；公共交通系统的定义，则由于在城市中使用铁路、航空的通勤者所占比例并不大，因此，为使分析简化，本书公共交通系定义为公交车及轨道交通两种。

以大连地区而言，公共交通的发展以大连中心城区最为完善，因此地域狭小、人口稠密的大连市成为使用公共交通比例最高的城市。纵使公共交通系统完善，大连中心城区使用私家车的通勤族仍不在少数。大连中心城区拥有私家车的出行者中，有高于五成以上使用汽车通勤，而使用公共交通为通勤交通工具者却不足三成（大连市交通局，2013）。因此，本书将研究对象设定为使用私家车到大连市中心城区上班的通勤者。并通过问卷调查方式，搜集城市通勤者的交通工具选择与转移行为信息。

三、本书主要研究方法与技术路线

1. 研究方法

本书秉承理论与实际相结合的原则，采取先理论分析再辅以实例验证的研究方案，对于研究中的几个主要研究问题，先进行文献收集与整理，在此基础上通过理论推导与方法研究选择并构造研究框架或模型，然后依据模型及分析工具所需要的信息，设计出行方式选择行为意向调查问卷并实施问卷调查，利用收集到的调研数据进行模型的参数估计与验证，通过实证分析论证理论框架或模型的正确性。具体概括如下：

（1）文献综述。本书首先对国内外出行者出行方式选择行为的相关研究文献资料进行整理与归纳，重点从出行方式选择行为的影响因素、出行方式选择行为的研究方法两个方面入手，总结现有研究的分析方法与结论，提炼前人研究的缺陷以及需要深入研究的问题，在此基础上确定本书的研究方向。在进行各章节的具体内容研究时，为便于模型构建及理论推导，对具体研究领域的方法与结论进行深入文献综述分析，在整理、分析、凝练、归纳整合之后，提出本书的具体研究假设、理论模型及方法体系。

（2）调查研究。问卷调查是交通研究领域的基础性工作，是获得研究数据的主要手段，也是了解交通现象中各种变量与变量之间相互关系的重要方法。本书的基础数据主要来源是以城市中心区驾车通勤者为研究对象的交通调查。调查研究大体流程包含问卷开发、数据收集、数据处理与分析、实证结果探讨等内容。首先，针对本书所研究的问题，参考前人的经验，结合焦点访谈，进行预调研及修订，设计出正式调查问卷；其次，选择随机抽样方法，通过调查员分发并回收等形式，进行实地问卷发放现场采集研究数据；再其次，运用 STATA、AMOS7.0 等分析软件对采集到的数据进行甄别与统计分析；最后利用调查数据及统计分析的结果对理论假设与模型进行讨论和估计。

（3）模型构建。通过国内外研究综述，选择合理的研究模型，结合具体的研究问题进行改进和修正，并通过实施交通意向调查收集的行为数据进行模型标定与检验。根据本书的研究内容，首先，以个别出行者或家庭的个体数据为单元，以及出行者对运输的偏好与选择行为的理论为基础，假设出行者采用效用最大的原则作为选择各种可能的替代方案（交通工具）的依据，所建立的个体交通工具选择模型，并以概率的形态来预测交通工具使用分布；其次，本书中除了个人属性、出行特性外，加入可靠性、便利性、舒适性、安全性等服务水平变量，由于各服务质量水平变量不易直接被测量，需要通过其观测指标加以描述，因此本书引入结构方程模型，对服务水平变量（潜变量）、观测指标（显变量）进行验证性因子分析，以确定模型构建是否合理；再其次，本书将有限理性的模型构建应用于分析城市通勤者的交通工具转移行为，用以深入了解影响通勤者交通工具转移行为的重要因素；最后，本书将依据布洛克与杜尔劳夫（Brock & Durlauf，2001）提出的社会互动理论，针对城市中心区域驾车通勤者的社会互动行为进行分析研究，并以此作为交通政策制定与评估的基础。

2. 技术路线

本书对城市中心区通勤者的出行现状进行分析，发现通勤者无节制使用私家车出行给城市交通、环境以及他人的通行状况带来了负面影响。为缓解这种社会困境，对国内外的相关研究进行归纳总结，试图从中找出解决途径。依据文献调研的结果，利用 Logit 模型对通勤者的出行方式选择行为进行描述；利用 Probit 模型对通勤者的出行方式转移进行分析；依据布洛克提出的社会互动理论，构造"导入社会互动效应的出行方式选择行为模型"，对社会互动效果是否存在以及影响程度加以检验和测量。若存在社会互动效应，将求取"集体行为的均衡转移阈值"，并依据该阈值，针对改善交通状况的目的，提出应实施的政策干预程度。具体技术路线如图 1 - 1 所示。

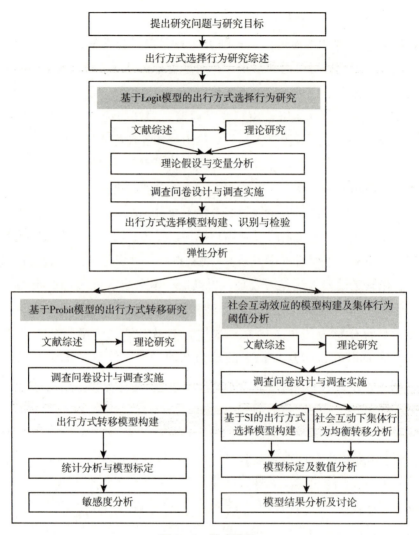

图 1-1 技术路线

第二章

相关文献评述

　　城市居民每天都会因生活、工作、休闲及其他目的而产生出行需求，因而居民出行构成了城市交通系统中一个重要的子系统，该子系统由人、机、环境三要素组成（陈坚，2012）。其中，"人"涵盖交通系统中的全部参与者，包括规划建设者、执法监督者、管理者及出行者等。由于研究需要，在本书中"出行者"特指因某种需求而产生出行需要的行为主体。"机"一般指代交通工具、道路设施等；"环境"是指出行者所面临的利于或者妨碍从事某种选择的外部环境因素。在人—机—环境系统中，"人"是行为主体，"机"是满足主体需求的必要载体，"环境"则是系统运行的限制条件，三者配合关系决定着交通系统的运行状态。

　　综上所述，在本书中将"出行行为"定义为：行为主体在内在条件与外部环境的共同约束下，为了满足其特定的需求，而产生的出行意愿与出行行为的统一过程。出行行为主要包括出行决策、出行时间选择、出行方式选择、出行路线选择等。本书的主要研究内容集中在出行方式选择方面。出行方式选择行为可表述为：出行者在产生某种的出行需求之后，依据自身条件及外部环境，在所有可得的出行方式中进行选择，以到达时间为最重要约束条件，实现空间位置转移行为过程。在此过程中，出行者会受到由交通工具、道路设施以及外部环境所带来的可变条件的约束，实际行为与预期行为可能产生较大误差。可见，出行方式选择行为是一个与居民自身特征及其所处的社会、自然环境有关的复杂的生理和心理统一过程。该过程由出行需求引发，通过一系列生理的时空转移变化实现，出行者的心理过程通过生理变化表现在人的出行选择行为中，整个过程是一个受各种因素影响的动态变化过程。

出行方式选择是居民出行行为研究中的一个重要组成部分，其重点在于，分析不同出行个体或群体之间的出行方式选择差异，并对导致此类差异的各影响因素进行探究（黄海军，1998）。通过对出行行为定义分析，城市居民出行方式选择行为主要受到内部的自身因素以及外部社会环境因素的共同影响。本书分别从影响因素及研究方法两方面对以往的文献进行归纳总结。

第一节　出行方式选择行为的 影响因素相关研究

一、出行方式选择行为的内在影响因素相关研究

大量研究表明，出行者的出行行为受个人特征的影响显著，不同年龄、性别、收入水平等属性的出行者，在交通方式选择、出行频率和出行习惯等方面存在明显差异，另外，出行者的心理倾向、学习能力和感知差异也会影响其出行行为。出行者的个人特征对出行选择行为有重要影响。金（Kim，2007）等研究了不同性别的出行者出行选择偏好的差异，研究发现，性别属性对交通出行的选择有明显的影响。帕尔玛（De Palma，2005）等研究了不同职业的出行者关于出行时间的需求，结果发现，蓝领工人或经常使用公交方式的出行者对时间的可靠度有较高要求，同时会倾向于选择尽量规避风险。楞次（Lenz，2007）等采用实证调查发现，出行者对出行方式的选择和使用便利性方面会显著影响他们的出行行为。哈同（Hato，1999）等讨论了出行者的年龄、性别、驾龄、出行频率等因素与获取交通方式的关联，研究结果表明，交通出行选择行为是由个人特征和出行经验共同决定。曹里斯（Chorus，2007）等的研究从出行者的知识层

次分析了出行者交通出行的需求及内在的影响因素。影响出行选择行为的内部因素的相关研究成果见表 2 - 1。

表 2 - 1　　　　　　　　影响出行行为的内部因素的研究成果

作者（年份）	研究方法	数据来源	研究地点	影响因素
雷迪（1995）	统计分析	计算机仿真	戴维斯	出行经验
哈托（1999）	结构方程模型	调查问卷	东京都市圈	驾驶频率
蒂亚（2002）	Agent 模拟	调查问卷	布里斯班	学习水平
彼得罗尼拉（2004）	统计分析	网络调查	西雅图	年龄
玛丽亚（2005）	结构方程	调查问卷	瑞典	行为态度
德帕尔玛（2005）	Probit 模型	电话调查	巴黎	职业
曹里斯（2007）	统计分析	网络调查	丹麦	知识层次
金（2007）	因子分析	网络调查	北美地区	性别
楞次（2007）	聚类分析	调查问卷	德国	收入水平
林俊辉（2008）	结构方程	调查问卷	台北都市圈	心理偏好
景鹏等（2013）	结构方程	调查问卷	长三角	行为态度

出行者的心理因素在交通出行选择过程中同样有重要影响。费德里克（Frederick Dunbar，1978）对出行者的态度和行为的相关性进行了总结和研究，并在其中运用了结构方程模型来确定其相互关系，他分析并总结了出行者的态度和行为之间相关性的研究，并用结构方程来确定两者之间相互关系。另外，还有两种关于态度的元素对出行行为会产生不同的影响，那就是对一种交通方式的感知和情感倾向。玛丽亚和托拜尔斯（Maria Vredin Johansson & Tobias Heldt，2005）认为人们在态度和个体特征方面的不同会导致人们在对某些要素的考虑方面，赋予不同的权重，例如，环保、安全性、舒适性、方便性和灵活性等。罗建和薛锋（2008）研究了出行者的心理因素及其选择行为的影响因素，并且将这种选择行为模拟成了蚂蚁觅食寻找最优路径的过程，此外他们建立了这一优化模型，主要是

围绕着出行者的时间价值和出行费用等要素展开分析的。林俊辉（2008）等介绍了在个人心理层面的消费行为的损失厌恶理念，并构建综合结构方程模型以分析出行者制定决策时的心理。在此模型中，行为意向和服务质量的关系是一个基于损失厌恶理念的非光滑函数。景鹏和隽志（2013）才利用计划行为理论以长三角区域为研究对象，分析城际出行方式选择行为，发现行为态度、主观规范、感知行为控制和行为意向在不同的出行方式间差异明显，同时，主观规范在各种出行方式中对选择行为意向的影响最为显著。

二、出行方式选择行为的外部影响因素相关研究

出行者的出行行为同时会受到出行环境、备选出行方案等外部因素的影响。外部环境因素，包括交通工具的班次、票价、舒适度、服务水平等，会影响出行者是否选择该交通工具。为了探讨该因素，以往研究常纳入各种交通工具出行时间、出行成本，并构建出行方式选择模型以具体反映该因素的影响效果。除此之外，以往被分析的环境因素还包括：公共交通可得性、管制措施的施行（如提高私人交通工具使用成本）、气候因素、出行距离长短、票价优惠、出行信息的提供、随行人数或物品的有无或多寡（Bamberg，2003；藤井和北村，2003；Matthies et al.，2006；Stern，2000）。这些研究成果指出，若外部环境未改变时，出行方式不易改变；然而当环境改变而产生新情境时，如新轨道交通路线营运、提供一定期限的免费车票等，则会影响出行者的出行方式选择的行为。

本·艾丽亚（Ben-Elia，2007）与斯特恩（Stem，1999）等研究了出行环境中存在的不确定性对出行者采取冒险行为的影响，例如出行时间压力增大将提升出行者调整出行路线或出行方式的可能，并提高对交通出行信息的选择。崔利姆帕（Tsirimpa，2005）等研究发现交通信息获取的时机（出行途中或出行前）对出行选择行为有显著影响。另外，约翰森（Johansson，2006）等根据出行者对出行安全、舒适、便利性等因素对出

行行为的影响进行了研究，结果发现出行者除了考虑备选方案的出行费用和时间等特征以外，同时会关注备选方案的舒适性和机动性等特性。卡塔克（Khattak，1993）等人研究了发生交通拥堵情形下，通勤出行者根据交通路况调整出行路线的选择意愿。查特吉（Chatterjee，2004）等人研究发现，相比不提供备选出行方案的情况，如果能够向出行者发布包括交通事故的发生地点、道路拥挤严重程度等交通信息，对于改善出行质量同样有益。赖文泰（2011）在对台北市与高雄市的出行方式比较后发现，公共交通供给相对较好的地区，出行者对于公共交通工具理性变量的评价明显较好，使用公共交通工具的惯性强度和涉入程度明显较高；对出行时间与出行成本的弹性分析结果显示，改善公共交通服务水平的效果，在公共交通供给水平较高的地区比较明显。换句话说，反映地区公共交通供给水平的"环境"因子，对公共交通使用行为有明显的影响，改善地区公共交通供给，有助于该地区公共交通市场占有率的提升。影响出行选择行为的外部因素的相关研究成果见表2-2。

表2-2　　　　　　　　影响出行行为的外部因素的研究成果

作者（年份）	研究方法	数据来源	研究地点	影响因素
托根森（2009）	统计分析	问卷调查	柏林	出行政策
本伯格（2003）	结构方程	问卷调查	德累斯顿	出行信息
藤井（2003）	统计分析	仿真实验	东京	出行成本
斯特恩（2000）	DFT 分析	计算机仿真	以色列	出行时间压力
本·艾丽亚（2007）	混合 Logit 模型	数值仿真	以色列	出行环境
崔利姆帕（2005）	多项 Logit 模型	网络调查	斯特拉斯堡	交通信息
约翰森（2006）	结构方程	问卷调查	洛杉矶	交通工具属性
卡塔克（1993）	数值分析	问卷调查	华盛顿	交通拥堵
查特吉（2004）	聚类分析	问卷调查	西雅图	出行目的
赖文泰（2011）	结构方程	问卷调查	中国台湾	公交供给水平

第二节　出行方式选择行为的研究方法

一、效用理论

离散选择模型（Discrete Choice Model，DCM）是以效用理论为基础，在一个互斥的方案集合中选取唯一方案的计量模型。DCM 是目前交通领域中分析出行行为十分简捷、经济、高效的研究方法，为了和传统的集计模型（aggregate model）相区别，又常被称为非集计模型（dis-aggregate model）。分析个体的出行特征并对出行选择行为进行建模，进一步可通过出行行为的变化对出行需求进行预测。

早期的出行行为分析方法，一般是利用聚集的数据，或按照出行者分组观测的关系、或基于小区水平的平均关系，从而对出行行为特征进行预测，随着以观测出行个体的选择为基础的离散选择模型的出现，交通规划者可以建立更准确的模型来描述个人或家庭在出行时的选择过程。鲁斯（Luce，1959）对离散选择理论中的 Logit 模型进行数学推导，随后马希和苏普斯等完善了 Logit 模型的理论基础，瓦莫（Wamer，1962）、里斯克（Lisco，1967）等采用离散选择模型在交通运输领域中进行了最早的应用研究。1974 年麦克法登（McFadden，1974）完整地论述了 Logit 模型及其特性，从而形成了离散选择模型的理论体系，其中包括多项 Logit 模型（Multinomial Logit Model，MNL）和 Nested Logit 模型（Nested Logit Model，NL）。20 世纪 70 年代中期，本阿卡拉（Ben-Akiva，1975），应用经济学中的消费者行为理论，进一步完善了离散选择理论，1985 年本阿卡拉编撰了《离散选择分析：在交通管理中的理论与应用》一书，是离散选择模型在交通管理中应用的开山之作。

出行方式选择模型中，最常被应用的模型以多元 Logit（Multinomial Logit，ML）或巢式 Logit（Nested Logit）模型为主。多元 Logit 模型的概率形式为封闭型，具有容易估计的优点，但其假设方案间的误差项相互独立且不相关（IIA）的假设也使其违背实际决策的过程。因此，为克服 IIA 的缺点，通常以巢式 Logit 模型（允许巢内替代方案具有相似度）表示误差项不独立，拜特（Bhat，1995）所发展的差异性极值（Heteroscedastic extreme value，HEV）模型则考虑误差项不相等；此外，多元 Probit（Multinomial Probit，MNP）模型与混合 Logit（Mixed Logit，MXL）模型则同时允许误差项不相等且不独立，较符合真实的选择行为。由于混合 Logit 模型相当具有弹性，可近似于任何模型，因此，概率形式与 Probit 模型相同，为开放型不易估计。近年来模拟技术与硬件设备（处理器）的发展，使估计 Probit 模型与混合 Logit 模型所需时间与准确度大幅度提高，目前已有软件如 LIMDEP、ALOGIT、NLOGIT 以及 GUASS 可用于估计 MNP 与 MXL，因此，该类具有弹性的模型在未来的应用上将会越来越普遍。

在 20 世纪 80 年代初开始以居民出行调查数据为基础，利用离散选择理论对出行方式选择进行了研究，进入 90 年代，北村等针对日常活动的交通方式选择行为特征进行了分析。科普曼（Koppelma，1998）介绍了 Nested Logit 模型的理论基础和特性，基于效用最大化原理，建立了四种交通方式选择行为的 Nested Logit 模型。汉舍尔（Hensher，2000）应用离散选择方法，构建了通勤出行的交通方式选择 Nested Logit 模型。

帕尔玛和罗拆特（Palma & Rochat，2000）利用巢式 Logit 模型探讨在日内瓦市内工作出行的出行方式选择行为。其研究独特之处在于了解家庭汽车拥有数量与决定将其作为通勤用交通工具的本质。通过交通工具选择的结果可知，除了交通工具特性（如出行时间、成本与舒适性）之外，道路拥堵与持续时间，还有家庭与个人特性（如人口数、年龄等）都是影响出行方式选择行为的主要因素。而汽车拥有的决定则主要与家庭的收入水平（此与家庭内工作人口数有关）以及居住位置有关。

杨飞、陈林与杨桥东（2013）以成都市为研究对象，利用多项 Logit 模型与巢式 Logit 模型研究公交出行选择行为问题。研究发现，出行费用与停车费用对私家车的使用有显著影响；车内时间显著影响出行者公交选择行为；下车到目的地时间显著影响出行者选择行为；票价对公交选择率缺乏弹性，低票价政策效果不明显。

混合 Logit 最早被运用于针对汽车需求所构建的模型。由于模型处理上的困难，其分析资料是总体的市场占有率数据而不是个体选择数据。然而，由于模型分析技术的发展与电脑处理速度的快速提升，在模型的应用上不仅可用于分析个体选择数据，该模型已广泛地应用于各个研究领域中。贝哈特（1998）在探讨出行者的个人属性对于交通工具服务水平系数值的影响的研究中，假设同一社会经济背景的个体对于服务水平系数值的品味差异是一个概率分布。通过此随机系数的假设，其研究结果指出，车内时间与班次两者与个人属性具相互作用外，更具有随机性的异质性。

近十年来国内学者使用 MNL、NL、Probit 和 Mixed Logit 模型，应用于轨道交通出行选择（关宏志等，2007）、城市居民出行（张政、陈坚、何瑞春等，2007）、老年人出行（陈团生等，2007）以及女性群体出行方式选择（张萌等，2008）、换乘行为（何保红等，2009）、公交出行选择（刘崭等，2010）等多种交通方式研究。

詹达颖以中国台湾高雄中心城区为研究地点，针对工作以及购物娱乐出行的交通工具选择为研究对象，将统计数据转换成个体数据，建立二元 Logit 选择模型，变量包括服务水平变量与社会、经济变量。研究结果显示，除步行时间及换乘时间仅对工作出行有显著影响外，其余变量（出行成本、车内及等车时间）对两种出行皆有显著的影响。段良雄以社会经济变量与服务水平变量分别构建多元 Logit 模型与巢式多元 Logit 模型，研究结果发现，巢式 Logit 模型在分析城市内的工作出行的交通工具选择行为上明显优于多元 Logit 模型。栾琨、王炜、杨敏等通过分析 2005 年北京市居民出行调查数据，构建了通勤者上班出行方式选择和出行链类型选择相互影响的 Nested Logit 模型。殷焕焕、关宏志、秦焕美等结合 2009 年济南市居民出行调查数据，在居民出行方式选择效用函数中从个人属性、家庭属性和出行属性几个方面考虑了如年龄、职业、自行车数量、小汽车数量、出行距离、出行时间等可直接观测变量。

使用离散选择模型分析出行方式选择行为的论文概要如表 2 - 3 所示。

表 2 - 3　　　　使用离散选择模型分析出行方式选择行为的论文概要

作者（年份）	研究方法	数据来源	主要结论
科普曼（2001）	巢式 Logit 模型	意向调查	车内时间与车外时间对出行方式影响程度不同
汉舍尔（2000）	巢式 Logit	意向调查	NLogit 更简洁，ANN 更准确
帕尔玛与罗拆特（2000）	巢式 Logit 模型	意向调查	除交通工具特性外，道路拥堵与持续时间、家庭与个人特性都是影响出行方式选择行为的因素
贝哈特（1998）	Mixed Logit 模型	意向调查	车内时间与班次与个人属性有相互作用，以及随机性的异质性
詹达颖（1978）	二元 Logit 模型	RP 调查	步行时间及换乘时间仅对工作出行有显著影响
段良雄（1984）	多元 Logit 模型、巢式 Logit 模型	RP 调查	巢式 Logit 模型在分析城市内的工作出行的交通工具选择行为上明显优于多元 Logit 模型
关宏志等（2007）	多元 Logit 模型	SP 与 RP 调查	选择地铁的出行者不太关心费用，主要关注时间
何瑞春、李引珍、张峻屹（2007）	多元 Logit 模型	模拟仿真	城市居民的出行选择与交通系统的服务时间、费用、环境及可选交通工具等诸多因素有关
陈团生等（2007）	多元 Logit 模型	RP 调查	年龄、性别、是否持有驾照和月票、家庭月收入、家庭人口数量、家庭小汽车数量、自行车数量等变量，对老年人出行行为有显著影响
张萌等（2008）	多元 Logit 模型	RP 调查	年龄、家庭成员、收入、家庭人口数量、是否持有驾照、私家小汽车数量、出行距离等变量，对女性的出行行为有着显著影响
何保红等（2009）	多元 Logit 模型	SP 调查	出行者驾龄、收入、出行目的以及道路拥挤、停车位供给和停车收费对 P&R 的选择最为显著
刘崭等（2010）	多元 Logit 模型	SP 调查	个人属性、家庭属性和出行属性，均对出行方式选择有显著影响
栾琨、宗芳（2005）	巢式 Logit 模型	SP 调查	通勤者倾向于首先考虑如何组织当天要参加的各种活动，然后在出行链约束下考虑选择合适的出行方式

续表

作者（年份）	研究方法	数据来源	主要结论
杨敏、陈学武、王炜等（2008）	二项 Logistic 模型	SP 调查	家庭工作人数、职业、年龄、居住小区、上班出行方式、上下班时间是影响个体选择简单链还是复杂链的显著变量
殷焕焕、关宏志、秦焕美等（2009）	多元 Logit 模型	SP 调查	通过对影响居民出行方式选择的可控影响因素进行引导和调整，可以达到优化和调整交通方式结构的目的
刘志明等（2008）	多元 Logit 模型	SP 与 RP 调查	MNL 模型对个人属性、出行方案属性解释力度较强
陈秋香（2013）	巢式 Logit 模型	SP 调查	费用浮动和时间长短以及职业的不同都会影响师生的选择行为
杨飞、陈林、杨桥东（2013）	多元 Logit 模型，巢式 Logit 模型	SP 调查	车内时间与下车后时间显著影响出行者的选择行为，票价对公交选择率缺乏弹性
李志斌、王炜、杨晨（2009）	多元 Logit 模型	RP 调查	出行者在出行过程中会对机动车尾气污染进行规避，并发现随着年龄的增长以及家庭收入的增加，这种规避行为呈现递增的趋势
陈俊励（2010）	巢式 Logit 模型	RP 调查	公交车的运营条件是出行者选择的重要考虑因素

二、结构方程模型

在传统非集计方式选择模型中，效用函数仅考虑可直接观测变量却没有加入一些在出行者决策过程中扮演很重要角色但不可直接观测的心理因素（如个人感受、态度等），使得模型的解释能力受到质疑。在出行方式选择行为中，除了出行时间、出行成本、出行目的、出行者性别、年龄、职业、收入水平等可直接观测因素会影响选择结果外，出行方式的服务场景、等车感受等不可直接观测因素也会影响出行者的选择，如果在模型中忽略了这些不可直接观测的潜在属性，则会使模型解释能力下降，无法得到与真实选择行为更接近的结果。

心理因素多属于潜变量，无法直接进行测量，必须通过其他外显变量表示该潜变量变化的程度。而为解释一组心理因素的因果关系，可能涉及很多外显变量，通常会形成复杂的层次关系结构，无法使用传统的回归分析方法求解，需要更精确的路径分析工具，并能对模型进行参数估计和相关检验，而结构方程模型（structural equation modeling，SEM）正适合处理这类问题。

班伯格与枢密特（Bamberg & Schmidt，2001）在德国吉森大学城针对大学生进行了一项研究，使用结构方程作为分析工具，研究态度、社会规范以及感知行为控制等心理因素对大学生使用公共交通工具意图的影响。在此研究中显示出社会规范对于使用公交车的意图拥有很强的直接预测能力。

希思与吉福（Heath & Gifford，2002）将计划行为理论、个人规范（汽车使用的道德规范）、环境价值、对汽车使用造成的环境影响的认知与责任等因素纳入结构方程，探讨发给大学生公交车券（U-pass）的影响。结果显示，汽车使用率由平均33.08%下降至26.43%，而公交车搭乘率由31.58%提升42.64%。结果也证实社会规范、个人规范、与使用汽车造成的环境影响认知皆对于汽车使用的意图有显著影响，意图也呈现了对行为的显著影响。而社会规范、个人规范均未直接对行为产生显著影响。

哈兰德等（Harland et al.，1999）在荷兰以邮寄问卷的方式研究305名受访者对于包含"使用其他交通工具来取代汽车"等五种对环境友善的意图与行为。研究结果肯定了当只有计划行为理论时，"使用其他交通工具来取代汽车"的意图会受到主观规范的影响，而当个人规范加入后，"使用其他交通工具来取代汽车"会同时受到主观规范与个人规范的影响。在探讨过去行为方面，主观规范不论是在只有计划行为理论或加入了个人规范时，对于"使用其他交通工具来取代汽车"都没有显著影响。而个人规范则有显著影响。

诺兰德和贾威尔（Nordlund & Garvill，2003）在瑞典对2 500名汽车车主进行调查，希望探讨价值观、问题认知、个人规范对于减少私人小汽车使用意愿的影响。通过路径分析的结果证实价值观与问题认知会影响个人规范，而个人规范影响了减少私人小汽车的使用意愿。

班伯格等（Bamberg et al.，2007）在德国两个不同经济与社会结构的地区（法兰克福、波鸿与多特蒙德）进行调查，通过结构方程分析调查结果，发现社会、经济条件的不同对人们的社会规范与主观规范有所影响。但在两个地区，个人规范对于使用公共交通工具的行为都需要通过意图才有显著影响，且社会规范会对个人规范有显著影响、对意图没有显著影响。

汉尼克等（Hunecke et al.，2001）在1998年1月在德国波鸿人口约为40万人的城镇进行一项试验，以行为激起论探讨居住地点距离地铁站的远近以及供给免费地铁票，对于通勤交通工具使用的影响。研究结果显示，有免费车票的受访者，在前往波鸿市中心区的出行中，有61%的人使用地铁，而其余出行使用私有汽车或摩托车。在没有免费车票的受访者中，则只有43%的出行是由地铁完成的。结果也显示受访者居住地点与车站的远近，对于是否使用地铁没有显著关系。研究结果除了证明供给免费车票对于地铁使用有显著正面影响外，也显示社会规范与后果认知对于个人规范有正面显著影响，个人规范对于地铁使用行为也有正面显著影响。因此，汉尼克等建议合并使用经济与道德的手段可以更有效地让民众从使用汽车、摩托车改为使用更环保的地铁。

班伯格和枢密特（2003）通过三个社会心理学的理论：行为激起论（NAM）、计划行为理论（TPB）与交往行为理论（theory of interpersonal behavior，TIB），分别建立结构方程模型，研究大学生通勤交通工具选择的影响因素。班伯格和枢密特在1997年以随机抽样的方法发放1 000份问卷给德国的吉森大学的大学生，共回收321份。从NAM的模型结果显示，个人规范对于汽车使用有显著负面影响。而后果认知对于个人规范有正面影响，但不显著。从TPB模型结果来看，社会规范对于意图有直接正面影响，且意图对汽车使用行为有直接正面影响。而TIB模型的结果显示个人规范对意图虽有负面影响但不显著，意图对于汽车使用行为有直接正面影响，而汽车使用习惯对于汽车使用行为也有直接正面的影响。汉尼克再进一步将三个模型结合，在新的模型中，只有意图与习惯是行为的直接影响因素，其他影响因素都通过意图来影响行为。结果显示个人规范对意图虽有负面影响但不显著，社会规范对于意图有显著正面影响，而意图与汽车使用习惯对于汽车使用行为都有直接正面的影响。

赖文泰（2008）在对中国台湾台北市居民的出行方式选择行为研究中发现，不同涉入程度的出行者的出行方式选择行为有明显差异。利用结构方程构建 TPB 模型的估计结果显示，高涉入群体的交通工具选择行为符合 TPB 的假设，即态度、主观规范、感知行为控制等行为变量对意向产生正向影响，然而低涉入群体的意向、感知行为控制对行为变量的影响不明显。

使用结构方程模型分析出行方式选择行为的论文概要如表 2-4 所示。

表 2-4　　使用结构方程模型分析出行方式选择行为的论文概要

作者（年份）	研究对象	主要结论
汉伯格与枢密特（2001）	大学生使用公共交通工具意图	研究显示社会规范对于使用公交车的意图拥有很强的直接预测能力
希思与吉福（2002）	汽车使用造成的环境影响的认知与责任	结果证实社会规范、个人规范、与使用汽车造成的环境影响认知皆对于汽车使用的意图有显著影响
哈兰德等（1999）	受访者对于包含"使用其他交通工具来取代汽车"等五种对环境友善的意图与行为	当只有计划行为理论时，"使用其他交通工具来取代汽车"的意图会受到主观规范的影响，而当个人规范加入后，"使用其他交通工具来取代汽车"会同时受到主观规范与个人规范的影响
班伯格（2007）	个人规范与社会规范对居民出行意图的影响	个人规范对使用公共交通工具的行为需要通过意图才有显著影响，且社会规范会对个人规范有显著影响
诺兰德与甲威尔（2003）	探讨价值观、问题认知、个人规范对于减少私人小汽车使用意愿的影响	结果证实价值观与问题认知会影响个人规范，而个人规范影响了减少私人小汽车的使用意愿
汉尼克（2001）	居住地点距离地铁站的远近以及供给免费地铁票，对于通勤交通工具使用的影响	免费车票对于地铁使用有显著正面影响，个人规范对于地铁使用行为有正面显著影响

续表

作者（年份）	研究对象	主要结论
班伯格和枢密特（2003）	大学生通勤交通工具选择的影响因素	个人规范对意图虽有负面影响但不显著，社会规范对于意图有显著正面影响，而意图与汽车使用习惯对于汽车使用行为都有直接正面影响
赖文泰（2008）	居民出行方式选择行为	高涉入群体的交通工具选择行为符合 TPB 的假设，然而低涉入群体的意向、感知行为控制对行为变量的影响不明显

第三节　研究现状评述

一、研究方法的比较

从本章所收集的文献资料来看，目前针对出行方式选择行为研究主要集中在调查方法及模型理论两方面内容。

1. 调查方法的比较

出行方式选择行为分析首先需要采集选择行为数据，目前主流的调查方法是意向调查、行为调查以及两者结合的方法。出行方式选择行为是一个复杂心理决策过程，其中包括环境信息感知、出行方式判断、选择行为的决策与执行，较为合适的研究方法是从现实环境中直接观测出行者的出行方式决策行为，例如，利用实证调查方法获取出行者的交通工具使用行为数据，但是实证调查所获得的数据很难反映交通政策调整后的行为倾向，换句话说，政策调整后的行为模式不一定与施政者的预期相符。因此，需要找到一种调查方法，规避实证调查的缺陷。意向调查是通过构建虚拟的出行情境来调查出行者的出行方式选择行为，研究出行者对不同交通工具的不同偏好，以及交通政策调整时是否会改变出行方式等。由于目前国内交通法规政策制定不是十分完善，在研究出行方式选择行为倾向时，采用意向调查的方法是获取分析数据的一条可行途径。另外，意向调查与行为调查的结合使用能发挥出两种方法的各自特点，从保证调查准确度方面是最佳选择。

2. 模型理论的比较

建立在期望效用理论基础之上的离散选择模型，在出行方式选择行为的数学描述上面易于理解、可操作性强，而且建模简便，是目前国内外应用最广泛的理论方法，但是期望效用理论假设出行者是完全理性的进行决策，而出行者由于受到智能、认知能力等限制不能做到完全理性。个体由于自身的经验、阅历、知识水平、技能等的限制，使得其做出决策（选择）时往往处于一种并不完全理性的预期中，个体所表现的是有限理性的行为，所做的是满意决策，而非最佳决策。因此，使用有限理性法则建立的分析模型能够更贴切地反映人们的出行方式选择行为。

离散选择模型能较好地处理出行时间、出行费用、收入水平、年龄等易于直接观测的指标，但对于服务质量、个人感受等潜在变量很难处理，因此，国外及台湾地区的研究者经常使用结构方程模型探讨潜变量与显变量共同影响下的出行方式选择行为。

二、目前研究存在的问题

国内外的研究人员运用多种理论方法、分析工具对出行方式选择行为进行研究，每种模型方法都有其特定的适用条件及研究假设。随着时代的发展、地域的变化、经济社会环境的改变，一些研究的结论已经与现实不符，研究方法的缺陷与不足逐渐暴露了出来。本书将前人研究中的问题归结为三点。

1. 对出行者心理感受方面的研究不足

以往的研究主要关注个人的经济社会属性以及交通工具的特性，对出行者心理感受方面的研究较少，但出行者偏好、交通工具的服务质量观感、道德意识等心理因素的确对选择行为有很大影响，如果忽略的话，会造成分析结果精度下降。

2. 离散选择模型与结构方程结合使用的研究很少

离散选择模型利用可观测变量对出行方式选择行为进行数学描述，结构方程将服务品质、乘客感受等潜在因素纳入了分析模型中，但很少有文献研究出行行为中潜变量的作用过程及构建潜变量与显变量共同影响的选择行为模型。

3. 缺乏对人际互动的思考

前述的出行方式选择行为预测中，使用 Logit 模型或 Probit 模型等传统的个体行为模型，依照下列三个步骤进行分析：第一步，基于个体行为的各种影响因素构建预测模型；第二步，以改变外生变量数值的方法来表现不同的交通政策，同时，对个体行为的变化加以预测；第三步，累积个体行为的变化，计算集体行为的总体表现，例如出行行为选择概率的变化。这种预测方法隐含假设：个体的决策是独立于周边决策者的，即不考虑周边人们的行为对个体决策的影响。因此，在分析受社会互动影响较大的交通行为时，这类方法将无法正确地反映出受此影响社会总体未来会呈现何种状态。

第三章

出行方式选择行为
研究的理论基础

在城市交通系统中，各种出行方式作为实现城市居民众多出行需求的工具，影响着整个城市交通的运行效率。不同的出行方式，在频率、距离、能力、费用、速度等指标上有很大的差别。所以，了解一个城市的居民出行方式结构，对分析城市的交通运行效率具有重大意义。大城市居民的出行方式构成较为简单，可分为公共交通出行方式和个体交通出行方式两个大类，其中，公共交通出行方式主要包括公交车、地铁、轻轨以及出租车等，而个体交通出行方式主要是私人小汽车与摩托车（电动自行车）。

对城市中的通勤者而言，私家车、地铁、轻轨、公交车或出租车等，都是可供满足出行需求的替代性工具，即可供选择的消费性对象。而出行者选择交通工具是一系列的决策过程，本书将此一系列的过程视为一种消费行为。公共交通工具由政府提供规划与建设，但是就使用者角度而言，现阶段的规划设计及管理措施未必真正符合出行者的需求，这是通勤者出行方式选择行为符合消费者行为理论的主要原因，将通勤出行者视为交通工具使用的消费者，评估各种出行方式的影响因素。

第一节 消费者行为理论

恩格尔等（Engel et al.，1973）将消费者行为分狭义与广义的定义。

狭义的定义为：为获得和使用经济性商品和服务，个人所直接投入的行为，包含导致及决定这些行为的决策过程。广义的定义为：除了狭义的消费者购买行为外，还包括非营利组织、工业组织及中间商的采购行为。皮特等人（Peter et al.，1990）的观点认为：人在交易过程中的认知、行为及环境互动关系，包含人们在不同消费状态及环境中的思考、感受与行动间的关系。柯拉特（Kollat，1997）认为消费者行为是：探讨在满足其需求及欲望时，个人、群体与组织如何选择、购买及处置商品、服务、理念或经验。综上所述，消费者行为的含义在各学者看法中不尽相同，总体而言，消费者行为是一个包含所有购买与使用的一种决策过程。

一、消费者行为理论

在过去消费者行为的领域中，已经提出许多理论模型，其中较著名且广泛引用的有：EKB 模型、霍华德与谢斯模型及尼克西亚模型，本书仅就EKB 理论模型加以介绍。EKB 模型于 1968 年由恩格尔、柯拉特和巴拉克威尔（David T. Kollat, James F. Engel & Roger D. Blackwell, 1970）三位学者共同提出，历经七次修改而成（1969～1993 年），它将消费者行为视为一个连续过程，而非间断的个别行动。其特色是以决策过程为中心，结合相关内、外部因素交互作用而构成，对消费者的决策过程以及影响决策过程的因素来源均有详细的探讨，此模型可帮助了解消费者行为中的变量，以及各变量之间的关系。

决策过程是一个解决问题的过程，构成 EKB 模型的主体，它分为五个部分，以下分别就这五个主要的程序作以说明。

1. 需求确认

在购买过程中消费者认知到其理想情况与实际情况有所差距，而此差距已经超过某一阈值，足以让消费者开始进行决策时，则称消费者已经确认了需求，其受到储存记忆单位的信息、个人差异及环境三项因素影响。

2. 信息搜寻

当消费者确认需求后，便会开始去搜寻信息来辨认和评估何种产品可以满足其需求。消费者会先搜寻存在于内部记忆中的知识，所以对于一种产品的良好经验将有助于说服消费者再度购买。如果这些知识无法提供足够的信息，则进一步搜寻外部环境中的信息（如大众传媒、亲友、其他参考群体等），这两种方式，前者称为内部搜寻，后者为外部搜寻。

3. 方案评估

当消费者完成搜集信息后，即会对可能的选择方案加以评估，并选择。了解产品在特定状况下使用所提供的效益，是选择评估的最主要步骤之一。评估的标准是从消费及购买观点，所希望得到的结果，进而表现在所偏好的产品属性上，这些受到个体差异及环境的影响，所以评估准则是个人需求、价值观、生活形态等因素反映在特定产品上的需求，并进一步使消费者对于方案产生信念（belief）、态度（attitude）与意愿（intention）。另外，评估方案的属性是决策者按照可供选择的各种出行方式的某些属性来评估研究方案，而属性之衡量指标可能为排序的或基数计算的，属性也可分成客观衡量的，如出行时间、出行成本以及主观心理衡量的，如方便、舒适等感受态度。

通常产品的方案评估过程，可以利用菲什拜因（Fishbein，2002）模型来分析，菲什拜因模型对一品牌或一产品属性与信念的加权评分，所罗门（Solomon，2005）指出该模型测量了态度的三种要素：①人们对于某种态度标的物的显著信念，以及评价过程中对物品的相关信念；②物品与属性的结合，或是特定物具有某重要属性的可能性；③对每一项重要属性的评价。其公式如下：

$$A = \sum_{i=1}^{n} b_i e_i \qquad (3-1)$$

其中，A：对某标的物的态度；

b_i：某标的物第 i 个属性的重要性程度；

e_i：属性 i 的评分；

n：评估属性的个数。

4. 购买

经过方案评估之后，消费者会选择一个最能解决原来问题的方案，并采取购买行动。购买过程受到购买价格、购买渠道、使用时间、支付能力、品牌、购买意愿、购买情境与个人差异等因素的影响，其中情境因素对购买行为的影响尤其重要。通常购买意愿高的方案或品牌，被选择的机会也越大，需要注意的是，此时消费者可能受到某种无法预期的变故而改变其选择。

5. 购买后行为

消费者实际采取购买行动后，可能发生两种情况：满意和购买后失调。满意指消费者认为其所做的选择和原先信念一致时，消费者会感到满意，并将这个购买行为存入其记忆，增加将来再次购买的概率；反之，当消费者感到不满意则产生购后失调，会向外界继续搜寻信息，以支持其选择，否则会降低其再度购买的可能性。在此过程中，消费者同时受到外在的文化规范和价值观、家庭及参考团体、个性、内在动机和其生活状态的影响。

EKB 消费者行为模式如图 3 - 1 所示。

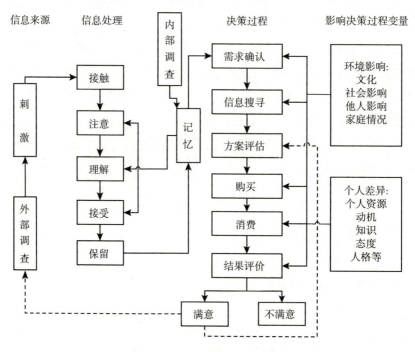

图 3 - 1　EKB 消费者行为模式

二、影响消费者决策过程的变量

影响决策过程的变量分为两大类，包括环境因素（文化、社会阶层、家庭、情境）和个人差异因素（消费者资源、动机与涉入程度、知识、态度、人格、价值观、生活形态）。此外，针对影响决策过程变量部分，也可以将模型相关属性变量分成两大类，客观变量（可直接观察的特性与行为）与主观心理变量（无法由观察直接获得）。传统的计量经济模型（显示性偏好模型）大多处理可观察变量，而态度模型与叙述性（陈述性）偏好模型可处理无法观察的心理变量。科特勒（Kotler，1991）指出影响购买行为的因素，包括文化、社会、个人因素、心理因素，参考表3－1。

表3－1　　　　　　　　　　　　　影响顾客购买行为的因素

文化影响	社会因素	环境因素	个人因素	心理因素
文化	参考群体	环境条件	年龄	动机
亚文化	家庭	营销手段	职业	知觉
社会阶层	政治因素	替代品	收入	学习
	经济因素	互补品	个性与自我观念	信念与态度

资料来源：Philip Kotler and Gary Armstrong. Principle of Marketing. 1991.

1. 文化因素

（1）社会文化。

不同民族、不同国家地区，其文化内涵的差别很大。如在很多汽车文化比较健全的国家，虽然几乎每个家庭都拥有车辆，但是，很多人还是从环保与健康角度出发选择公共交通出行。而在我国，由于汽车时代刚刚到来，人们在拥有汽车以后更愿意尽可能去使用，结果造成了很多交通问题。

（2）亚文化。

亚文化又被视作"文化中的文化"，亚文化群体的成员不仅具有与主流文化共同的价值观念，还具有自己独特的生活方式和行为规范。就出行方式选择行为而言，亚文化的影响更为直接和重要，有时甚至是根深蒂固的。相当一部分年轻女性对交通工具关注方面为：乘坐舒适、干净整洁、私密性好、使用方便等。因此，私家车出行更符合青年女性消费者的需求。

（3）社会阶层。

社会地位不同的人群，其价值取向往往是不同的。

2. 社会因素

（1）参照群体。

参照群体是人们效仿的对象和行动的指南，在缺乏客观标准的情况下，个人的消费选择往往以群体的标准为依据。比如，同事之间往往会选择相似的出行方式。

（2）家庭。

在家庭为单位的出行行为中，丈夫与妻子的出行参与程度的不同决定了出行方式选择行为的不同，子女的影响力也不容忽视。

（3）政治因素。

①政策的影响，例如，停车收费水平的提高在一定程度上会限制私家车的使用。②有关法律法规的影响，如城市中心区域的机动车限行、限停政策会改变该区域的出行方式选择结构。

（4）经济因素。

社会整体经济呈向上发展态势，会刺激人们的消费，就出行者而言，出行成本对其的压力会减轻。如果受到经济大环境的不利因素影响，导致消费者的生活成本提高，股票与房地产市场的不景气又套牢了部分消费者的流动资金，此时会造成了大量消费者出现"资金不足"的状况而不愿意驾车出行。

3. 个人因素

个人因素只要包括年龄、职业、经济状况、生活方式、个性与自我观念。①年龄与生命周期阶段。随着年龄的增加，人们对出行方式的喜好也在改变。②职业。不同职业的消费者因为不同的工作或生活的需要对出行方式选择上是不一样的。③经济状况。从使用成本角度看，驾车出行与使用公共交通出行的成本差距较大，因此，不同收入层次的人群会出现较大的选择差异。④生活方式。从经济学的角度看，一个人的生活方式表明它所选择的收入分配方式以及对闲暇时间的安排。社交活动较多或其他原因导致消费者出行链较为复杂时会更加倾向使用驾车出行。⑤个性与自我观念。个性不同会导致消费者购买行为的差异，进而影响消费者对不同交通工具的选择。

4. 心理因素

（1）动机。

不同的人购买动机也不一样。出于经济实惠的考虑，如果消费者平时的活动范围半径较小，时间价值较低的情况下，公共交通工具选择的比例较高。但是对于那些处理距离较远，或时间价值要求较高的情况下，驾车出行被选择的比例较高。

（2）知觉（选择性注意，或扭曲或保留）。

一个受到动机驱使的人可能随时准备行动，但具体如何行动则取决于他的知觉程度。

（3）学习。

由于城市交通环境的不断改变，新政策、新法规不断涌现，出行者必须经过多方收集有关信息之后，才能做出出行方式选择的决策，这本身就是一个学习的过程。同时，出行者对交通工具的消费和使用同样也是一学习的过程。

（4）信念与态度。

人们通过实践和学习获得自己的信念和态度，他们反过来又影响着人们的购买行为。

5. 环境因素

环境因素包括：①交通条件的影响。例如，道路拥挤，停车困难。②公共交通营销手段的影响。降低票价、增加公交运营班次、提高准时率等经济及服务手段的推出会吸引部分驾车者转移到公共交通工具上来。③互补品的影响。油价的上涨将改变部分人的出行方式。

根据上述消费者行为理论探讨结果，环境因素与个人差异因素影响着消费者的行为决策，换言之，对于各种出行方式的评价，会受到消费者的社会经济背景、出行目的的影响而有所差异。北村（1988）提出所谓出行行为是指在一段时间内持续在一系列目的中做选择，其中包含出行时间、出行距离、所参与活动持续的时间、位置、频率、活动本身的吸引力等因子间复杂的关系及彼此间交互的影响，而根据斯托弗（Stopher，1996）年提出对于出行行为主要影响因子包含环境因子（如日期、地理区位、天候等）、个人因子（如性别、年龄、教育程度等）、角色因子（如工作状况、婚姻状况、有无小孩等）、资源因子（如收入、汽机车拥有状况等）。

本书主要希望了解通勤者在进行出行方式选择时，会影响其选择意愿的因素，因此引用消费者行为理论 EKB 模型为研究架构，以决策过程为研究主体，并着重方案评估部分，由于是探讨私家车与公交车、轨道交通直接的互斥选择与相互转移问题，于是将消费者行为理论的方案评估仅限于私家车、公交车与地铁（轻轨）三者。从通勤者的角度，其对各种出行方式的态度与看法受到交通工具特有属性以及消费者行为理论中提出的各种影响因素，所以本书所采用的属性变量为可观测的环境变量、个人属性以及主观心理变量，以了解各变量对消费者的影响以及变量之间的相互关系。

第二节　出行方式选择的离散选择模型

为了解通勤者在面对不同交通工具所需的出行成本（停车费用、票价）以及出行时间的情况下所做的决策，可使用的理论架构为离散选择模型（discrete choice model）。该选择模型假设决策者在面临多个方案时，将由可选择的方案中挑选对其而言效用最大的方案。由于决策者面对多种备选方案时，仅可选择其中一种，无法同时选择两种及以上的方案，即决策者面对每个方案只有选或不选两种状况，属于一种间断性的情形，因此称之为离散选择模型，将其运用在交通工具选择上则称为出行方式选择模型。

假设决策者 n 面对 J 个可供选择的方案，方案集合为 C_n，对于决策者 n 而言，选择方案 i 的效用函数 U_{ni} 可表示如下：

$$U_{ni} = V_{ni} + \varepsilon_{ni} = \sum_k \beta'_k x_{ink} + \varepsilon_{ni} \qquad (3-2)$$

效用函数中包括可观测（observed）的部分，V_{ni}；以及无法观测（unobserved）的误差项（error term），ε_{ni}。假设效用函数为线性相关，则效用函数可改写为式（3 – 2）的右式，前者由 k 个方案属性以及决策者的个人特性（x_{nik}）以及待定的参数系数向量（β'_k）所组成；后者误差项为随机变量。当决策者以选择效用最大的方案为选择依据，则决策者 n 选择方案 i 的概率可表示如式（3 – 3）所示。

$$
\begin{aligned}
P_n(i) &= (U_{ni} > U_{nj}, \ \in C_n, \ j \neq i) \\
&= (V_{ni} + \varepsilon_{ni} > V_{nj} + \varepsilon_{nj}, \ \in C_n, \ j \neq i) \\
&= (\varepsilon_{nj} - \varepsilon_{ni} < V_{ni} - V_{nj}, \ \in C_n, \ j \neq i) \qquad (3-3)
\end{aligned}
$$

通过对概率函数中的误差项的分布作不同的假设，可得到不同的模型。如果假设方案的误差项为多变量正态分布（MVN），可推导出多项 Probit 模型（MNP）；若假设方案的误差项为方案独立且完全相同（Independently and Identically Distributed，IID）的 Gumbel 分布，则可推导出多元 Logit 模型（MNL）。

多元 Logit 模型的选择概率虽具有封闭型计算简单的优点，然而，却也因此有着 IIA 的缺点而与真实情况不吻合，为解决 IIA 的问题，研究者经常使用巢式 Logit 模式，将相似方案置于同一巢内，可反映出方案间不独立的特性，但仍无法解决方案间一致性（identical）的假设；与之相反，多项 Probit 模型的选择概率有着非封闭型计算困难的缺点，但却能够反映较真实的情况。由于目前计算机计算速度大幅提升以及模拟方法（simulation）的应用日趋成熟，许多专家积极研究类似 Probit 模型的非封闭型模型，以解决 Logit 模型的缺点。其中，以混合 Logit（Mixed Logit）为最具弹性的模型，由于此模型是以 Logit 模型为基础所发展而来，因此又称 Kernel Logit。

一、多元 Logit 模型

如上所述，假设效用函数中不可观测的误差项 ε 为独立且完全相同的 Gumbel 分布，通过对 Gumbel 分布的累积密度函数积分可推导出多元 Logit 模型，其概率形式如式（3-4）所示。

$$P_n(i) = \frac{e^{(V_{ni})}}{\sum_{j=1}^{J} e^{(V_{nj})}} \tag{3-4}$$

$$\Omega = \begin{bmatrix} \pi^2/6 & 0 \\ 0 & \pi^2/6 \end{bmatrix} \tag{3-5}$$

由式（3-5）可知，在误差项独立且完全相同的假设条件下，方案误差项的协方差矩阵 Ω 中仅存在于主对角线中，方差为 $\pi^2/6$。由于 MNL 的概率式为封闭型，容易估计，因此研究者大多以此为分析模型，然而 MNL 的概率式隐含个体选择行为不相干方案独立性（Independence of Irrelevant Alternative Property，IIA）的特性，较不符合真实情况。为改善 IIA 的缺点，最常用的模型是误差项为相同但不独立的分布所推导出的巢式 Logit 模型。

二、巢式 Logit 模型

为解决多元 Logit 模型的 IIA 特性可能产生的问题，麦克法登在 1978 年推导出巢式 Logit 模型（Nested Logit，NL）来避免 IIA 的缺点。此模型主要的特点在于将具有相似性的方案放置在同一巢中，并利用包容值参数的大小来说明巢内方案相似性的高低。从理论上说，巢式结构可延伸至无限多层，由于牵涉到可能的组合太多加之参数估计上的困难，大多都以两层巢式结构为主。在本书中的选择集合分为原私人交通工具（私家车）与公共交通工具（轨道交通与公交车），为两巢的结构，如图 3-2 所示。

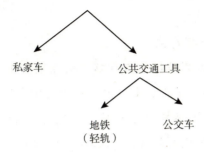

图 3 - 2　巢式 Logit 模型构建

以两层巢式结构为例，假设模型中共有 M 个巢，巢 m 中有 N_m 个方案，令方案 i 为巢 m 中的方案，则方案 i 被选到的概率 $P_n(i)$ 如式（3-6）所示。

$$P_n(i) = P_n(m) \times P(i \mid m) = \frac{e^{(\mu_m I_m)}}{\sum_{k=1}^{M} e^{(\mu_k I_k)}} \times \frac{e^{(V_{ni}/\mu_m)}}{e^{I_m}} \qquad (3-6)$$

$$I_m = \ln \sum_{j \in N_m} e^{(V_j/\mu_m)} \qquad (3-7)$$

其中，$P_n(m)$ 为巢 m 被选到的边际概率（marginal probability），$P_n(i \mid m)$ 为巢 m 中方案 i 被选到的条件概率（conditional probability）。I_m 称为包容值（inclusive value），为巢 m 的综合效用；μ_m 则为包容值参数，用以说明巢内方案的相似程度。麦克法登指出，当包容值参数 m 值介于 0 与 1 之间时，此模型将满足效用最大原则。当 m 值等于 1 时，巢式 Logit 模型即可化简为多元 Logit 模型，显然 MNL 为 NL 的一特例。若 m 值超出 0 与 1 的范围，则式（3-5）所代表的选择模型意义就不明确。

三、混合 Logit 模型

混合 Logit 模型（Mixed Logit，MXL）是以传统 Logit 模型为基础所发展而来的，有别于传统的 Logit 模型，混合 Logit 可以近似任何随机效用模型，是相当具有弹性的模型。在混合 Logit 模型中，研究者不仅可考虑个体之间的差异性（heterogeneity），模型也允许不同方案中不可观察的随机项彼此之间具有相关性。

1. 选择概率分布形式

混合 Logit 模型主要特征体现在概率分布形式上，在式（3-8）中，P_{ni} 是决策者 n 选择方案 i 的概率；式（3-9）中，$L_{ni}(\beta)$ 为多元 Logit 模型的选择概率，而效用函数中可观测部分 $V_{ni}(\beta)$ 会影响概率的大小。由于 $V_{ni}(\beta)$ 的表达式是线性相关的（如式（3-2）所示），因此，参数系数 β 对于方案选择概率 P_{ni} 具有关键性的影响。对于混合 Logit 模型而言，β 是随机变量，其概率密度函数用 $f(\beta)$（如均匀分布、正态分布等）表达，θ 表示概率密度函数 $f(\beta)$ 的平均值、标准差或协方差等（依其分布的不同而有所差异）。若 β 为定值（常数），即 $f(\beta)=1$，则整体模型可简化为多元 Logit 模型。在大多数研究中，如李威尔特和崔恩、本·阿卡拉，设定 $f(\beta)$ 为正态分布或对数正态分布。

$$P_{ni} = \int L_{ni}(\beta)f(\beta)\,\mathrm{d}\beta = \int L_{ni}(\beta)f(\beta\,|\,\vartheta)\,\mathrm{d}\beta \qquad (3-8)$$

$$L_{ni}(\beta) = \frac{e^{V_{ni}(\beta)}}{\sum_{j=1}^{J} e^{V_{nj}(\beta)}} = \frac{e^{\beta x_{ni}}}{\sum_{j=1}^{J} e^{\beta x_{ni}}} \qquad (3-9)$$

由此可知，在混合 Logit 模型中须对参数 θ（包括平均数、标准差或协方差等）进行估计，而 β 与 MNP 模型中的误差项 ε_n 非常相似，都是随机项并且需要对其进行积分以求得选择概率。由于，这是一个开放式的多重积分，因此，在概率的计算上与 Probit 模型相同，需要用数值分析方法中的模拟方法进行求解。

2. 容许差异性

针对差异性的研究，Bhat 指出个体效用函数的差异性主要来自"偏好差异"（preference heterogeneity）以及"响应差异"（response heterogeneity）。前者是出行者个人属性对于交通工具选择的可观察与不可观察部分的影响；后者则是出行者对于交通工具的服务水平的看法差异。一般来说，处理偏好差异的方法是将个体个人属性指定为方案特有变量，一种方法是通过加入替代方案个体偏好项来处理；而处理响应差异的方法中，一般是将个体个人属性与服务水平变量指定为相互作用或是用市场细分方案来处理，另一种方法则是将其作为随机系数来处理。进一步将差异性分为可观察的偏好差异、可观察的响应差异、不可观察的偏好差异以及不可观察的响应差异性。

混合 Logit 模型的效用函数形式如式（3 - 10）所示，x_{nik} 为与决策者特性及方案有关的可观测变量，ε_{ni} 则为假设 IIA 特性的 Gumbel 分布的随机项。由于 β_{nk} 为随机变量，表示：不同的决策者对于同一个属性 x_{nik} 的偏好有所差异。由于 β_{nk} 为随机变量且可依据不同属性的行为特性采用不同的概率密度函数表达，因此，混合 Logit 又可称为 "随机参数 Logit（random parameter logit，RPL）" 或 "随机系数 Logit（random coefficient logit，RCL）" 模型。综上所述，研究者可以依据研究需要选择相应的概率密度分布，然而不同的概率密度函数有着不同的特性，因此，在进行选择时需要认真、谨慎。常见的分布形式包括均匀分布（uniform distribution）、三角分布（triangular distribution）、正态分布（normal distribution）以及对数正态分布（log-normal distribution）等。其中均匀、三角以及正态分布的范围可同时涵盖正值以及负值的系数值；而对数正态分布的范围则皆为正值，通过将变量值更改为负号则可处理属性为负向的情况（Train，2003）。前者假定已知变量为绝对正向或负向，是一个不合理假设；后者则由于尾端太长（long upper tail），可能造成计算意愿支付价格（willingness to pay，WTP）时，出现过高的情况。

本书中采用对数正态分布作为出行时间与成本的随机系数分布，用以描述对数正态分布的参数除了平均值与标准差外，还包括众数、中位数以及方差。由模型估计所得的参数为取自然对数后所得的正态分布的平均值 β 与标准偏差 σ^2，通过转换（中位数 $= \exp(\beta)$）、均值 $= \exp(\beta + \sigma^2/2)$、方差 $= \exp(2\beta + \sigma^2) \times [\exp(\sigma^2) - 1]$）即可得知对数正态分布的实际参数值。

$$U_{ni} = V_{ni} + \varepsilon_{ni} = \sum_k \beta_{nk} x_{nik} + \varepsilon_{ni} \qquad (3 - 10)$$

由效用函数的定义中可知，混合 Logit 克服了传统 Logit 将所有决策者视为同质性的缺点，而考虑每位受访者的行为或偏好并非均质的情况，如同 MNP 模型，可表现出个体的品味差异（taste variation），这就是所谓的

"不可观察的响应差异性";如果随机系数所对应的参数是个人属性变量,则可表现出"不可观察的偏好差异性"。

除了通过上述的随机系数可用以表达个体之间的差异性外,非随机系数也可以表示差异性。式(3-10)中,β_k 并非随机系数,也不是常数,而是与个人特性变量有关的函数,$\beta_k = b_k + \varphi \times z$。$z$ 为个人特性变量(不随选择方案不同而改变),如性别、年龄等,φ 则为变量 z 所对应的系数值。β_k 所对应的参数若为交通工具服务属性变量(如成本),则为上述的"交互作用",然而,在效用函数中加入($\varphi \times z$)这个部分,也隐含着市场细分的概念,可用来衡量所有受访者中对特定个人属性的行为差异,例如:不同收入的出行者对于出行成本的在意程度有所差异,而此差异反映在系数 φ 上。通过这种交互作用,反映出所谓的可观察的响应差异性。此外,若 β_k 所对应的参数并非方案特定或共有变量,而是个人属性变量,则可反映出可观察的偏好差异性。

$$U_{ni} = \sum_k \beta_{nk} x_{nik} + \varepsilon_{ni} = \sum_k (b_k + \varphi \times z) x_{nik} + \varepsilon_{ni} \qquad (3-11)$$

第三节　出行方式选择的 SEM 分析

一、结构方程模型理论

结构方程模型早期称为线性结构关系模型或共变量结构分析,是一种分析方差的统计方法,通常结构方程模型被归类为高等统计学范畴之中,因为它结合了多元回归与因子分析二种统计方法。因子分析为多变量分析中的一种统计技术,可从一堆变量中抽取出一些共同因素,当共同因素被萃取出来后,所获得各个变量与共同因素的因素负荷量,即用以代表测验变量测量共同因素的重要性指标。然而,因子分析假定因素间必须是完全相关或完全不相关,测验变量与测验变量间误差是不相关的;但是事实上,许多测验的变量与变量之间的误差来源是相同的。相对于因子分析而言，SEM 可检验个别变量的测量误差，使得因子负荷量有较高的精准度；也可以根据理论，预先设定变量放置于哪一因素中，并且设定因素间是否具有相关性。

结构方程模型（SEM）中包含三种变量：观察变量（observed variable；X，Y）、潜变量（latent variable；ζ，η，ξ）与误差变量（error variable；δ，ε），基本的结构如图 3 - 3 所示。

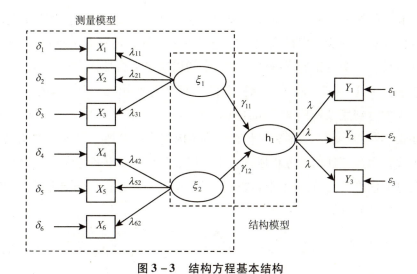

图 3 - 3　结构方程基本结构

SEM 最大作用在于探讨多变量或单变量之间的因果关系。SEM 结合了多元回归与因子分析，可以同时分析一堆互为关联的显变量间的关系，同时检验模型中包含观察变量、潜变量、误差项之间的关系。

二、验证性因子分析

验证性因子分析（CFA）是用来验证测量模型的一种 SEM 统计技术，主要是用来分析潜变量的意义与结构，使用 CFA 的前提如下：①潜变量无法直接测量，因此需要使用显变量来间接测量；②潜变量与显变量之间存在着误差项，且往往一个潜变量需要两个或两个以上的显变量来测量。

测量模型的矩阵方程式表示为：$X = \Lambda_x \xi + \delta$。其中：

Λ_x：x 对潜变量的系数矩阵

X：q 个显变量所组成的向量

δ：显变量 x 的测量误差

三、测量模型的估计

最大似然法（Maximum Likelhood，ML）是目前普遍应用的 SEM 适配函数估计法，一般使用最大似然法进行参数估计，需符合下列两个条件：①样本是呈多变量正态母群体；②样本是以简单随机抽样获得。且其样本数要求在 100 ~ 400。除了考虑模型的合理性与实用性之外，一个测量模型的优劣可利用结构信度（construct reliability）、抽取方差比（variance extracted）两个指标加以评鉴。潜变量的结构信度是其所有显变量的个别信度组成，由验证性因子分析所计算出个别项目的标准化因子负荷量来获得潜变量的信度，也可以利用标准化因子负荷量与测量模型的误差计算出抽取方差比，其计算公式分别如下：

$$\text{结构信度（CR）} = \frac{(标准化因子负荷量的总和)^2}{[(标准化因子负荷量的总和)^2 + 测量模型误差的总和]}$$

$$\text{抽取方差比} = \frac{(标准化因子负荷量平方后的总和)}{(标准化因子负荷量平方后的总和 + 测量误差的总和)}$$

结构信度的指标代表测量指标是否能够测到潜变量的程度，克林（Kline，1998）提出一个粗略的判断原则：信度系数 0.9 以上是优秀的（excellent）；0.8 左右是非常好（very good）；0.7 则是适中；0.5 以上可以接受；低于 0.5 表示有一半的观察方差来自随机误差，因此因信度不足而不被接受。至于抽取方差比指标是计算潜变量的各显变量对潜变量的平均方差解释力，该值最好大于 0.5，表示潜变量有足够的区别效度。

四、模型适配度的评估

SEM 适配指标分为三类：绝对适配指标（absolute fit measures）、增值适配指（incremental fit measures），以及简约适配指标（parsimonious fit measures）。由于过去的指标分类众说纷纭，Hair 等建议评估模型时，同时考虑这三类的指标，对于模型的可接受性比较能够产生共识的结果。

1. 绝对适配指标

绝对适配指标用以决定理论的整体模型能够预测观察协方差或相关矩阵的程度。常用的绝对适配指标有：①卡方值（χ^2）；②适配度指数或译为拟合优度指数（goodness of fit index，GFI）；③调整后适配度指数或译为调整后拟合优度指数（adjusted goodness of fit index，AGFI）；④残差均方和平方根（root mean square residual，RMR）；⑤标准化均方根残差（standardized root mean square residual，SRMR）；⑥渐进残差均方和平方根（root mean square error of approximation，RMSEA）。

（1）卡方值（χ^2）。

就结构方程模型而言，χ^2 统计是一种差性适配（badness of fit measure）的指标，在某个自由度之下获得一个不显著（$p > 0.05$）的 χ^2 值，代表样本协方差矩阵与理论估计协方差矩阵之间是适配的。利用 χ^2 值与自由度可求出显著概率值，当显著性水平为 0.05 时，显著概率如在 0.05 以上，即判定该模型与样本数据一致，当显著概率未满 0.05 时，即判定模型与样本数据不一致。

（2）适配度指数或拟合优度指数（goodness of fit index，GFI）。

GFI 是一种非统计的测量，其值在 0 ~ 1 的范围，0 代表适配度极差，1 表示完美的适配。GFI 类似回归中的 R^2，从 GFI 值可以看出理论模型的方差与协方差，能够解释样本数据的方差与协方差的程度，当 GFI 值大于 0.9 时即表示模型有良好的适配。

（3）调整后适配度指数或调整后拟合优度指数（adjusted goodness of fit index，AGFI）。

AGFI 是利用自由度和变量个数的比率来调整 GFI，其值类似回归分析中的已调整 R^2（adjusted R^2），其范围介于 0 ~ 1，AGFI 越接近于 1，表示模型的适配度越好。

（4）残差均方和平方根（root mean square residual，RMR）。

RMR 是将数据与模型之差（残差）取平方和（平方平均），再取平方根所求得的，代表观测数据的方差协方差矩阵与由模型所求出的方差协方差矩阵之差。当残差为 0 时，表示观测数据与模型一致。因此，当 RMR 越接近于 0，可判断数据与模型的适配越好。一般而言，其值在 0.05 以下即可接受适配模型。

（5）标准化均方根残差（standardized root mean square residual，SRMR）。

由于 RMR 指标未将残差值标准化，造成 RMR 指标数据大小不一的现象，因此将残差标准化，使残差值不受测量单位尺度的影响，即成为 SRMR 指标。SRMR 的范围介于 0 ~ 1，其值越小表示模型越精确，当 SRMR 值小于或等于 0.05 时模型即可接受。

（6）渐进残差均方和平方根（root mean square error of approximation，RMSEA）。

RMSEA 是一种检验接近适配的指标，当 RMSEA 等于或小于 0.05，表示理论模型可以接受，模型的适配佳；RMSEA 介于 0.05 ~ 0.1 时，表示理论模型尚可接受；RMSEA 大于 0.1 时，表示模型的适配度不佳而不接受。

2. 增值适配指标

增值适配指标测量的目的在于利用一个比较严格的或是套层的基线模型（baseline model）来和理论模型相比较，测量其适配改进比率的程度。一般典型上使用的基线模型是假设所有观察变量间彼此独立，完全不相关，这种基线模型可称为独立模型，又称为虚无模型。至于常用的增值适配指标有：①规范适配指标（normal fit index，NFI）；②不规范适配指标（non-normal fit index，NNFI）；③增值适配指标（incremental fit index，IFI）；④比较适配指标（comparative fit index，CFI）。

（1）规范适配指标（normal fit index，NFI）。

NFI 值是用来比较理论模型与虚无模型之间的卡方值差距，相对于该虚无模型卡方值的一种比值。NFI 值越接近于 1，表示模型的适配越好，NFI 值接近于 0，则表示理论模型与虚无模型相比较没有明显优势。一般

NFI 值大于 0.9 时模型即可接受。

（2）不规范配适指标（non-normal fit index，NNFI）。

NNFI 的原始名称为 Tucker-Lewis index（TLI），因此，由 AMOS 输出的模型适配度摘要中找出的 TLI 值即等于 NNFI 值。NNFI 值中对自由度加以调整，使得其值范围可能超出 0~1，造成结果有矛盾的现象。当模型适合于数据时，TLI 值会接近 1。

（3）增值适配指标（incremental fit index，IFI）。

IFI 是 NFI 的修正，以母群体为基础的、惩罚复杂模型的、样本独立的、以相对于虚无模型来检验适配的指标。其值范围介于 0~1，当模型完全适合于数据时，IFI 值为 1，当 IFI 值大于 0.9 时，即表示模型可接受。

（4）比较适配指标（comparative fit index，CFI）。

CFI 的目的是为了克服 NFI 在套层模型上所产生的缺失，其值介于 0~1，值越大表示模型适配越好。这个指标是修正受到观测值个数影响的 NFI 的缺点及有脱离 0~1 范围的 TLI 的缺点的一种指标。

3. 简约适配指标

由于复杂的模型自由度较小，因此较复杂模型的适配度指标值总是倾向于比一个较简单的模型还要大，因此对于模型的复杂性加以惩罚，其主要目的在于更正模型的任何有过度适配的情形。因此在检验整体适配指标时，参照简约适配指标可使理论模型更有效且符合简约原则。常用的简效适配指标有：①Akaike 信息准则（akaike information criteria，AIC）；②一致性 Akaike 信息准则（consistent akaike information criterion，CAIC）。

（1）Akaike 信息准则（akaike information criteria，AIC）。

AIC 指标为将 χ^2 加上二倍的参数估计值，用以达到惩戒具有多个估计参数的模型，AIC 值的数值越小表示模型的适配度越好，它的功能主要是用于数个模型的比较。

（2）一致性 Akaike 信息准则（CAIC）。

CAIC 指标是 AIC 指标的调整值，CAIC 值将样本大小的效果也考虑在估算公式中。在判断假设模型是否可以接受时，假设模型的 CAIC 值必须比饱和模型以及独立模型的 CAIC 值还小。需注意的是使用 AIC 指标与

CAIC 指标时，样本的大小至少需要在 200 个以上，且数据形态需符合多变量正态分布（见表 3 – 2）。

表 3 – 2 模型适配度分析

指标名称		适配标准或临界值
绝对适配指标	x^2	越小越好，其 P 值至少大于 0.05 显著水平
	GFI	大于 0.9，越接近 1 模型适配性越好
	AGFI	大于 0.9，越接近 1 模型适配性越好
	RMR	该值应低于 0.05，越小越好
	SRMR	该值应低于 0.05，越小越好
	RMSEA	0.05 以下优秀，0.05 ~ 0.08 良好
增值适配指标	NFI	大于 0.9，越接近 1，适配性越好
	TLI	大于 0.9，越接近 1，适配性越好
	IFI	大于 0.9，越接近 1，适配性越好
	CFI	大于 0.9，越接近 1，适配性越好
精简适配指标	AIC	值越小，表示模型适配度越好且越精简
	CAIC	值越小，表示模型适配度越好且越精简

第四节　集体行为与社会互动效应

综合国内外相关工作研究进展与消费者行为理论可以发现，以往的研究比较集中在个人因素、心理因素以及社会因素的政策与经济环境方面，而在参考群体对出行者的出行方式选择方面却极少涉及，因此，本书尝试分析参考群体间的社会互动效用是否会影响人们的出行选择，如果有影响，那么影响程度有多大。

一、社会困境中的集体行为

人们时常面临与公共资源使用有关的决策，决策中个人利益与公共利益必然发生冲突。应该牺牲长期的公共利益来满足短期的个人利益，还是该约束短期的个人利益以确保长期的公共利益，是一个两难的选择。对此，哈丁（Hardin，1968）曾提出：若要保证公共资源不受损失，每个人必须放弃部分自由，否则人类如果无限制的使用共有资源，将会产生"公共地悲剧"。道斯（1980）将哈丁思想定义为社会困境，并赋予其两个基本条件：①无论其他社会成员如何选择，当个体选择非合作（本书中为"驾车出行"）时，与选择合作（在本书中为"乘坐公共交通工具出行"）相比，该个体会获得更多的利得；②当所有人选择合作时，相较于所有人选择非合作，每个人会获得更多的利得。藤井和莫里茨（Fukuda & Morichi，2007）将社会困境的概念应用于交通研究中，发现使用者认为驾车出行十分便利，但大量的驾车出行却导致了城市中心区交通拥堵，环境恶化以及道路占用等社会问题。

从博弈论角度对社会困境加以分析，若某一社会状况为优势策略均衡（状况 A）却不等于合作解（状况 D）时，该状况即为社会困境。其中，在特定群体任意选择下，若个体均有一个选择优于其他选择，该选择即为优势策略（见表 3 – 3）。

表 3 – 3　　　　　　　　　　个体与群体的互动关系

个体的行为	群体的行为			
	合作		非合作	
合作有利于公共利益	状况 D	自己：低效用	状况 B	自己：低效用
		社会：高效用		社会：低效用
非合作损害公共利益	状况 C	自己：高效用	状况 A	自己：高效用
		社会：高效用		社会：低效用

道斯和米斯克（Dawes & Messick，2000）认为社会困境之所以有上述的特性，是因为其不同于个人单纯在备选方案中进行效用比较，而是涉及集体行动问题。因此，不论通过何种政策干预来消除社会困境，如果认为个体行为间是相互独立的，仅将个体行为进行简单的统计得到集体现象，

可能犯了加总的谬误。因此，在面临社会困境时，对行为模式的研究不可避免地要将社会互动纳入分析模型之中。对人们行为的连锁反应机制及其影响加以分析，才能有效地缓解社会困境。

二、社会互动的概念与理论

从经济学角度对行为主体间的互动类型进行划分，可分为市场互动与非市场互动（Manski，2000）。社会互动分为局部性互动和全域性互动，局部性互动是假设每一主体与有限的少数人产生直接的互动作用，一般采用社会网络分析法；全域性互动假设每一主体对其参考群体中的其他成员有着平均的影响权重，即群体中不特定的多数成员间的互动关系。

（一）社会互动的概念

经济学中将社会互动定义为：个体所获得到的效用或利得的多寡，会受到该个体所属参考群体中他人行为的影响。近几十年中，社会科学领域中出现了很多探讨"社会互动"在人类行为中所起作用的研究（Granovetter，1978；Blanck，1993；Schelling，2006）。证明了在某些情况下，个体行为依赖于参考群体中各成员的行为，社会互动效应确实存在于人们的行为决策过程中（Aronson，2010）。

社会互动会导致一个遵从多数的群体行为趋势并最终形成集体行为。这是由于当个体从事某项对其而言效用较高的特定行为时，在个体之间极有可能产生正向的互动作用，进而产生一个遵从多数的行为趋势。有些情况下，当行为主体感知到许多人正在进行某种特定行为时，可能会忽略个人的偏好、价值观，直接产生从事该行为的意向，这种现象也被称为从众或社会压力。特别是对于重要他人提出的意见，对个人行为产生的影响更大（Ajzen，1991）。

（二）基于社会互动的交通行为分析

在城市交通领域中，社会互动效应逐渐受到关注。研究者开始从社会学角度，分析人际互动对交通行为的动机以及特性的影响（Dugundji，2011）。在任何交通现象中，如果个体的行为决策受到他人行为决策的影响，会给交通政策的实施带来不同的结果。例如，机动车的违规停放、私家车的无节制使用，对拥堵收费的支持力度等交通现象中，均有可能存在社会互动效应，并最终导致稳定的社会状态的产生。这种稳定的社会状态可能阻碍政策目标的实现，也有可能会放大政策目标，因此在存在社会互动的情况下，政策干预的程度必须谨慎地加以评价。

以往交通行为预测中，通常使用 Logit 模型或 Probit 模型等传统的个体行为模型，依照下列三个步骤进行分析：第一步，基于个体行为的各种影响因素构建预测模型；第二步，以改变外生变量数值的方法来表现不同的交通政策，同时，对个体行为的变化加以预测；第三步，累积个体行为的变化，计算集体行为的总体表现，例如交通行为选择概率的变化。这种预测方法隐含假设：个体的决策是独立于周边决策者的，即不考虑周边人们的行为对个体决策的影响。因此，在分析受社会互动影响较大的交通行为时，这类方法将无法正确地反映出受此影响社会总体未来会呈现何种状态。可见，在过去的研究中，人是社会性动物这一概念被大多数研究者忽视了。因此构建考虑社会互动的行为模式或计量模型，将交通行为中的社会互动作用真实地反映出来，能为制定合理科学的交通政策起到积极的作用。

本书探讨城市中心区域的通勤者出行选择行为方式，如果存在社会互动，则设定出行者的交通方式选择行为受到不特定多数其他出行者的影响，因此属于全域性互动。在全域性互动模式中，是以参考群体的平均行为作为替代变量，来描述互动的影响，即以参考群体的平均行为作为个体行为的解释变量，以说明集体行为特性（同一群体的成员会倾向表现出类似的行为）的形成机理。

（三）社会困境

交通拥堵所伴随的环境问题，或者是违规停车等涉及交通规划的各种问题，可视为"社会困境"（social dilemma）来加以掌握。藤井（2001）

将社会困境描述为：面对个人利益最大化行为或公共利益最大化行为，在两者中做出选择后所造成的社会状况。个人利益最大化行为与公共利益最大化行为互斥的情况，即属社会困境的范畴。现代社会面临的资源耗尽与环境污染问题，便是产生于每个个体极大化自我利益的无节制行为，结果是全部人类都遭到更大的惩罚（相较于得到的好处）（道斯，1980）。在此，个人利益最大化行为称之为非合作行为或利己行为，公共利益最大化行为则称之为合作行为或利他行为。当人们倾向于增进个人的利益时，会造成公共利益的损害；而当人们倾向于增进公共利益时，个人的部分利益会遭受到损失。社会困境之所以产生是因为选择非合作行为对于个人有着较好的结果，于是全体都会选择对自己有利的非合作行为，然而这会产生比全体选择合作行为还要不利的后果（哈丁，1968；道斯，1980）。自己与他人的合作行为与非合作行为的互动关系，如表3-4中的情境A~D：情境A和情境B处于社会困境；而在情境B中，少数有合作意识的人，也会感到无能为力而因此抑制自己的合作行为，最终转变为情境A。情境C虽非社会困境，但却存在着倾向情境D或情境B两种发展的可能性；情境D则为整体充分合作的状态。社会困境讨论的范畴在于对情境A~C的改善，以及情境D的维持，其中的重点即在诱发（或持续）人们的合作行为。

表3-4　　　　　　　　　　自己与他人的行为互动关系

		他人的行为			
		合作行为（利他行为）		非合作行为（利己行为）	
自己的行为	合作行为（利他行为）	情境D（充分合作状态）	自己：效用小	情境B（社会困境）	自己：效用小
			环境：良好		环境：恶化
	非合作行为（利己行为）	情境C（有倾向D或B的可能性）	自己：效用大	情境A（社会困境）	自己：效用大
			环境：良好		环境：恶化

在社会困境中，要构建出可以诱发人们合作行为的方法，有赖于社会心理学、政治学、经济学、社会学等各学术领域持续地进行研究。而目前

相关的方法大致上可分为"结构策略"（structural strategy）与"心理策略"（psychological strategy）两大类别（藤井，2001）。

1. 结构策略

为破解社会困境，从法律上进行规范来防止非合作行为，导向减少非合作行为所产生的个人利益、增加合作行为的个人利益，从社会结构来进行改变的策略。例如某人想要通过逃税，来获取额外的利润，但由于考虑到存在被逮捕的可能性，因而打消了逃税念头，即利用法律的规范使得采取非合作行为的吸引力大幅降低所致。以这种"改变利益"为核心做法的结构策略，在于让合作行为的长期诱因大于非合作行为的短期诱因。然而，结构策略虽然能够降低人们内发的动机，但并非总是能够发挥功效（原因在下文说明），因此也有赖于心理策略的导入、配合。

2. 心理策略

促使影响个人行为的信念、态度、责任感、信赖、道德义务等心理因素发生变化，在不改变社会结构的状况下，诱发出自发性合作行为的策略。

以往，在交通计划的范畴中所讨论的政策几乎都属于结构策略，例如，为了解决交通拥堵的问题，所进行的交通设施扩建、道路定价、使用限制等，都是通过调整外在因素来规范行为的结构策略。此外，在解决违规停车问题方面，也常倾向于强化取缔或增加罚金等结构策略。

但是，以往有关社会困境的许多研究显示，仅依赖结构策略无法对社会困境做出本质性、根本性的解决（藤井，2001）。举例来说，对于驾驶私家车（非合作行为）与乘坐公共交通工具（合作行为）的选择，可从社会困境的角度来分析。在以促进公共交通工具的使用为目标的结构策略中，会将公共交通工具的服务水平提升，并将私家车的服务水平降低。然而，私家车比起公共交通工具，在服务水平上有着压倒性的优势，因此，从经济角度考虑，要将公共交通工具的服务水平提升到能与私家车匹敌的程度，是不可能的。另外，将私家车的服务水平降低的策略，例如道路定价策略或道路容量削减等，不论采用哪种策略，要获得社会的认同有很大的困难性。进一步来说，采用此类"强制性的政策"（coercive policy）

时，将会产生新的社会困境（二次困境：赞成该结构策略＝合作行为；反对该结构策略＝非合作行为；详见山岸，1986）。即仅依赖结构策略来解决"私家车与公共交通工具"的困境时，为了诱导人们赞成这一策略，就必须研究出另一个更高层次的结构策略，因此，将导致产生无限结构策略不断累积的情形。由此可知，要解决社会困境，让人们拥有"自主性的合作意识"是必要的，因此，心理策略的实施将不可或缺。

对此，目前相关的实证研究以日本居多。羽鸟、三木谷、藤井（2009）曾以东急电铁东横线都立大学站周边地区为对象，来验证"心理策略"对于削减车站周边自行车违规停放的效果。该研究通过"提供停车场所在位置"的方式，来告知自行车使用者"自行车该停放于何处"。此外，再通过"说服性沟通"的方式，来唤起人们内心的道德意识，进而促使其产生"合作行为"，以达成"减少违规停放自行车"的目标。结果显示，仅采用"提供停车场所在位置"方式，可减少 20%～30% 的违规停车；在实施"说服性沟通"的后，则可减少 50%～60% 的违规停车。另外，三木谷、羽鸟、藤井、福田（2010）则是以东京工业大学大冈山校区周边地区为对象，以"面对面"的方式实施为期一年的"说服性沟通"，来实际测量自行车违规停放的削减量。结果显示，上半年的削减量为 40%，而下半年期的削减量达到了 50%。在停车场的平均使用率方面，上半年增加了 4.9%，而下半年则增加了 11.9%。另外，经过一整年的说服性沟通后，在这些被削减掉的违规停放的自行车中，有 80% 转移到了停车场来停放。由此可见，这一长期性的"说服性沟通"实验，说明其对"自主性的合作行为"的诱发有着良好的效果。

道斯（1980）针对社会困境提出，为了要诱发人们自主性的合作行为，必须强调三个心理因素的重要性，分别为：①知识，②信赖，③道德。

（1）知识。

采取非合作行为的人，如果不知道自己的行为是属于非合作行为，社会困境的结构便无法得到改变，也不会有合作行为的产生。换言之，具备什么行为是合作行为，什么行为是非合作行为的基本知识，是诱发自主性的合作行为的必要条件。要解决社会困境必须提供给人们什么是社会困境的清晰易懂的知识，只有这样，相关策略才能够取得效果。

（2）信赖。

在社会困境中，每个人所获得的利益与他人的行为有着紧密的关连，当他人采取"非合作行为"而自己却进行"合作行为"时，自己将连极少的利益都得不到，变成所谓"诚实的笨蛋"。因此，为了避免个人采取合作行为时沦落为"诚实的笨蛋"的状况，与他人的合作行为是必要的。换言之，让全部的人都获得平等的利益时，人们就不会感到不满。因此如果每个人预期除了自己以外的其他人都会采取合作行为，即处于社会相互信赖状态，每个人采取合作行为的可能性就会提升；反的，当不能相互信赖时，将难以产生自主性的合作行为。

许多因素均会影响社会相互信赖感的产生，因此，促成信赖的具体策略也十分广泛。不过，通过实施能让人们预期"如此一来，许多人会变得愿意采取合作行为"的结构策略，也能够间接地诱发社会相互信赖感。因为如果抱有这种预期，人们会更加愿意接受结构策略。这种策略源于结构目标与期望理论，结合了结构策略与心理策略以逐步诱发相互信赖来解决社会困境（山岸，1986）。该理论指出：①要提出具有效果的结构策略，必须使人们预期他人会采取合作行为；②充分解释此结构策略的有效性以让人们信服。当这两点都达到时，意味着社会困境将获得解决。例如，通过 TDM 来解决交通问题时，就要提出能够使人们预期他人将充分合作的 TDM 方案，同时向人们完整地描述该方案的效果，这样交通问题才可能获得解决（藤井，2001）。

（3）道德。

当社会困境所涉及的人数规模过于庞大时，不论个人是采取合作行为或非合作行为，均不会对公共利益产生太大的改变。例如，在有着数十万台甚至数百万台私家车排放二氧化碳的城市，当仅有一人节制自己不使用私家车时，对二氧化碳的总排放量几乎不会造成影响。在此状况下，为公共利益而愿意采取合作行为的人，也可能感到无能为力而因此抑制自己的合作行为。换言之，在规模庞大的社会困境的中，利于他人或社会的利他动机，即日常用语中的"奉献精神"，在许多场合中是无效的。但是，具有一定道德意识的人，即使知道自己的行为对社会没有很大的贡献，依然会采取合作行为，或者，尽管无法对他人产生信赖且了解"诚实的人是笨蛋"，仍会配合地采取合作行为。道德意识是社会所期望的一种规范，其中存在尽量使自己言行一致的意识，拥有道德意识的人所进行的合作行为，与他人的行为无关，即便存在被当成"诚实的笨蛋"的可能性，并且也认为自己的行为对社会没有多少帮助，仍采取合作行为。换句话说，不以利己的角度来考虑自身的利益，反而以利他的角度来考虑他人的利益，这种习惯性服从于社会规范的精神就是道德意识。因此，在道德水平较高的社会，人们将具备更多有关合作行为的意识，原则上社会困境也就不易产生。由此可知，道德意识对于社会困境的解决是极为重要的。

在各种社会困境产生的背景中，除了有"信息化"和"社会流动性增加"等各种原因外，已经成为普世价值观的"自由平等博爱主义"所造成的影响也是不可忽略的。毫无疑问，自由、平等、博爱在某一方面是很重要的价值观；另一方面过于被强调自由平等，将使人们在进行决策时总是诉诸个人的"明确意志"。而这种"自由平等博爱主义"与传统上"尊重他人的道德体系"有着完全相反的性质；因此，当没有适当的宗教、哲学观时，社会的道德水平必然低落，有进一步导致社会困境问题日益严重的可能性。因此，为了避免社会困境问题，也为了保证"自由平等博爱主义"原有的良好理念，必须有着能与"自由平等博爱主义"进行整合的宗教、哲学观的存在（史密斯，2002）。

3. 临界质量理论在社会困境中的作用

不论结构策略或心理策略如何应用于解决社会困境，与"社会互动"有关的各种效果都是不可忽略的。前述"偏好变化"的相关论述中，提及了个体的行为会受到参考群体的影响，产生社会互动效果。因此，个体在面临合作行为与非合作行为的选择时，会将他人是否采取合作纳入自身合作与否的参考。在这种情况下，一方面社会互动可能导致社会困境更为严峻；另一方面，却也可以通过掌握社会互动，来制定解决社会困境的方针。

进一步来说，在社会互动中存在一个启动机制，将对社会整体趋向合作行为或非合作行为有着决定性的影响，这一概念源自于临界质量理论（格兰诺维特，1978），其针对了群体行为如何被诱发出来的现象予以模型化。利用各种策略来促进合作行为以改善社会困境时，必须要依据下述三个重点为原则：①针对绝对不合作范围的削减措施是必要的。②为了避免策略的效果受社会互动制约而落回劣势均衡处，务必使群体选择合作的比例大于临界质量。③考虑策略实施的成本，其实施力度不可能没有限制（以停车对策为例，不可能处处都设置停车场，或派遣警察全天巡逻来取缔违规），因此必须清楚地掌握使群体选择合作的比例超过临界质量的策略实施力度，即可依靠该团体通过社会互动而放弃非合作行为，进而达到优势均衡。相关的研究案例可参见藤井和莫里茨（2007）。

第五节　TDM 理论

一、实现"行为转变"的各种理论

交通需求管理（TDM）是一种期望人们产生"行为转变"（Geller，Winett & Everett，1982）或者"习惯变化"（Dahlstrand & Biel，1997）的管理方式。过去以随机效用理论为基础的交通行为分析，会得到政策必须对收费、交通速度、舒适性、便利性等因素进行操作的结论。通过这些因素的管控，可以使人们得到行为转变的"动机"。但是，以往众多关于行为研究的结果显示，仅通过形成"动机"来实现行为转变、习惯变化，效果是十分有限的。

从"动机"的形成到"行为转变"的过程，在称为"态度理论"（Eagly & Chaiken，1993）的理论体系中已累积了不少的研究。以下针对该理论的研究，以实证为基础，重新整理了"行为转变"的产生过程，如图 3 - 4 所示。以下，即从"使用私家车"转变至"使用公共交通工具"的"行为转变"事例来进行说明。

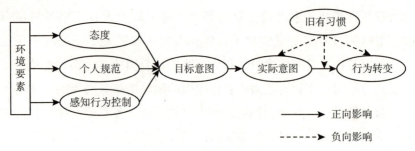

图 3 - 4　行为转变过程

1. 目标意图（行为意图）的形成

为了让习惯使用私家车的人，适时地使用公共交通工具，形成使用公共交通工具的"目标意图"是极为重要的。根据阿耶兹（1985）所提出的计划行为理论，目标意图的强度受到三方面因素的影响，分别是①态度：对公共交通工具与私家车的使用偏好的评价程度；②个人规范：感知到该行为转变的社会期待程度；③感知行为控制：感知到该行为转变的难易程度。这三个因素会受到以"个人对于环境的信念"（对于各种环境因素的评价值）为媒介所形成的环境因素影响。

2. 实行意图的形成

但是，即使经由上述过程使得人们形成了强烈的目标意图，也不必然会产生行为转变。原因在于，即使存在强烈的促使行动转变的目标意图，仍需要具体切实可行的"行动计划"来加以达成。例如，某人抱有从使用私家车转变至公共交通工具的强烈的目标意图，但其若不具备应在何处购票、应选择哪些路径、应在哪一站换乘等支持知识时，将无法得出具体的行动计划，造成行动转变的失败。再者，如某人每天在回家的路途中要都购买一些物品，或者某位家庭成员可在此通勤路途中驾驶私家车予以接送时，即使对使用公共交通工具抱有强烈的目标意图，但欠缺了可行的购物或接送的替代方案，该行动转变也无法达成。因此，各种行动计划的调整能够成功，行动转变才可以达成。这种为了实现目标意图所必要的行动计划，即在这个状况下（应该怎么做）所决定采取的具体行动，称之为实行意图（Gollwitzer，1993）。当然，实行意图可以通过目标意图的影响而得到活化（藤井，2001）。即目标意图越强，实行意图就会越强。

3. 阻碍实行意图的旧有行为的习惯强度

习惯一词属于日常生活类语言，但也有各种研究对此做出定义。例如，已形成私家车使用习惯的人，并非在头脑意识中进行交通工具选择，而是自动无思考地来进行。这类人不需要在意识上进行交通工具选择的决策，也无须具备及搜寻各种交通工具的信息。即，其并不具备除私家车外的其他交通工具的相关信息。在这种情况下，将无法形成实行意图，这是因为旧有行为的习惯强度降低了实行意图的强度所致。

4. 行为转变的实现："旧有行为习惯的解冻"与"新行为习惯的形成"

习惯的解冻是指行为的自动性得到解除，但这并非一件容易的事。想要形成某一习惯，必须要在特定的状况下不断地重复实行该行为；反之，为了解冻某一习惯，必须在处于可以充分实行"自动的习惯行为"的环境时，仍不实行该习惯行为，并反复体验这种坚定地自我约束"习惯行为"的情境。例如，在针对诱导私家车驾驶者从使用私家车转变至使用公共交通工具的行为转变的场合中，为了要解冻驾驶者使用私家车的习惯，便必须使其反复地体验公共交通工具的使用；借此，若能够解除使用私家车的自动性，则关于公共交通工具使用上的知识将会增加，且对于公共交通工具使用的实行意图的水平与有效性也将提升，进而公共交通工具使用的实行意图得到自动化，形成使用公共交通工具的新习惯。

5. 以 TDM 达成行为转变的政策方针

从私家车至公共交通工具的行为转变，需要历经上述 1～4 全部的过程才能实现，因此，仅通过改变通行速度与收费等环境因素的政策，总是不能成功实现行为转变。针对以上论述所涉及的观点，收集以行为转变为目的且具有可能性的一些对策，将其整理如下：

（1）意识上的决策诱导。

习惯性使用私家车的人并不进行有关交通工具选择的决策，而是自动地使用私家车。因此，仅仅使其具有决策的意识，也能够削减私家车的使用。反之，驾驶者若没有针对交通工具的选择有所意识时，便无法形成目标意图以及实行意图。由此可知，决策的意识化是行为转变的必要条件。

（2）提供如何使用公共交通的具体信息。

假如提供给每一个人详细的公共交通工具使用信息，将使感知行为控制以及实行意图活性化，此结果将促进行为转变的达成。此类方法有：在便携式信息通讯器材中提供信息；以发送信息手册来提供有关居住地、工作地的公共交通系统的信息；通过个别家庭访问来针对相关信息进行劝导等（Rose，2001）。

（3）仅诱发一次替代行为的效果。

提供各种相关信息，对于行为的施行来说是必要的。换句话说，若个人已形成强烈的习惯，且不具备有关于替代行为的相关信息，如果可以使其实施一次替代行为，也会从中获取丰富的信息。进一步来说，存有某一行为习惯的个人，对于替代行为会倾向形成否定的信念；若使其实行一次替代行为，即可领悟到"过去对替代行为有着过度否定的信念"，而朝肯定的方向做出修正（藤井等，2004）。因此，不论使用何种方法，只要可以诱发出暂时性的替代行为，即便仅诱发出一次，也能够提高行为转变的可能性。

（4）暂时性交通对策的实施。

若诱发人们实施替代行为的结果，是使其不仅只实行一次，而是持续数次，尝试使其变成习惯化。诱发出一次或者数次替代行为以产生暂时行为转变的方法，可考虑设计并实施具有诱因的对策（例如，为期一个月的公交车或轻轨免费使用卷的发放，并配合一定时段内禁止私家车的通行）（藤井等，2004）。有关此类暂时性对策的导入，而达成长期性行为转变的事例可详见中山、藤井、山田、北村（2001）。

（5）转换成降低交通服务水平的观念。

一方面，对于已形成交通行为习惯的个人，由于不进行信息的收集，因而，即便替代交通方式的服务水平有所提升，此人也不会有所感受，也就无法进一步产生行为转变的动机；另一方面，若个人日常使用的交通方式的服务水平降低，其将会产生行为转变的动机。例如，提升公共交通的服务水平，私家车使用者不会有所感受，也不会转换交通方式；但若降低道路交通的服务水平，将会促成交通方式的转换；且这种状况存在着非对称性（藤井等，2001）。在实际情形中，有效地削减道路容量，而没有引起严重混乱的许多事例。

（6）交通问题的倡导与教育。

通过交通政策的倡导与教育，能够活化个人规范，或是转变行为态度，也可能产生行为转变。特别是借助倡导使"决策持续性地被意识化"，从而活化个人规范，再搭配（2）中所提及的具体信息的提供（可增强感知行为控制），行为转变的可能性将获得提升。

（7）习惯的重要性。

习惯的强度会对行为转变造成很大的影响。因此，在考虑行为转变的策略时（如上述（1）~（6）的各种策略），有必要重视习惯对行为转变的影响的相关理论。此外，也必须根据对象类型的习惯强度来实行不同程度的策略。

（8）依据个人属性的市场细分的重要性。

除习惯强度外，还需要依据态度与个人规范等因素的水平高低，对研究对象进行市场细分，并分别采取措施。例如，在公共停车场中，发放免费的公交车票或提供有关公共交通信息的小手册；或是在汽车杂志里，刊载如何使用公共交通工具的倡导内容；也可在高等学校或驾校中，针对公共交通工具使用的"态度"与"个人规范"，提供可使其活化的教育信息。除此以外，还需将其他导致对策略产生不同响应的个人属性纳入考虑，以实行适当的策略。例如，针对该地区的机动车使用者，因个人属性的差异而具有不同的意识结构，可分别采取适当的停车对策。例如，谢旭升等在2010年的研究中指出，依据个体对自身的"占路停车行为"所持有的态度，可将其划分为"社会困境钝感型"与"社会困境敏感型"的意识结构。对于社会困境钝感型的个体来说，有效解决停车问题的对策为禁止停车与违规取缔；而对于社会困境敏感型的人而言，有效解决停车问题的对策则是停车场的增设、教育与劝导。

当着眼于行为转变时，必然会以社会心理学与各种行为科学的相关知识为基础，因此，对于费用与时间等客观变量，以及行为的间统计上的相关关系，若仅通过随机效用理论进行分析，并导出各种 TDM 的政策方针，将会导致政策的实施效果偏离政策制定的初衷。

二、交通需求预测

交通需求预测以预测"行为的量"为前提，虽然预测的准确性往往无法得到保证，但是，在交通规划领域中交通需求预测仍扮演着重要的角色。换言之，并非完全否定属于定量的交通需求预测方法，而是在构建交通需求预测的模型时，必须深入考虑以下三个重点：

1. 交通需求预测的界限

首先需要认识到，交通需求预测的准确性是无法得到保证的。在对需求预测值进行说明时必须慎重，并应视预测为一参考值。另外，强烈建议不宜"点估计"，而应以包含上限、下限的区间估计来进行交通需求预测。这是因为人类行为的不确定性被纳入分析当中，在此前提下，若仍固守于点估计将不符合实际；反的，以包含上限、下限的区间估计来进行具有弹性的交通需求预测，比较贴近"社会性动物的行为"（阿伦森，1992）的不确定性。

2. 行为理论

前人的研究已经证明，各种行为理论对于交通需求预测均有所贡献，相反，若不具备理论的基础，而仅依赖变量间的相关性，研究结论无法获得保证；换言之，没有建立在理论基础上，意图以单纯地输入变量所得到的数据来推断人类行为的普遍性的研究方式，是不适当的。因此，将行为理论充分地纳入考虑，是进行交通需求预测的必要条件。

3. 心理因素

为了使行为理论能够反应在需求预测上，对于个别行为理论所假定的各种心理因素，如态度、个人规范、目标意图、习惯强度等必须予以测量。同时，也必须掌握预测对象的样本，是否具有"相同分布"的性质。

根据以上的方针将形成一种需求预测方法，此方法在藤井等（2004）的研究中，代替了以往惯用的陈述性偏好法。在该研究中所利用的需求预测方法，与陈述性偏好法的形式相同，但并非针对偏好进行测量，而是目标意图。其考虑了从目标意图到行为转变的过程，并对目标意图所指的行为，在最终的实际实行或未实行中加以测量，由此所得到的预测结果，将指向该个人行为的预测。

在随机效用理论的发展历史中，所构建出的各种统计模型（麦克法登，2000），对于需求预测有着重大的贡献，且对今后的发展也极为重要。然而，尽管具有换算成货币的可能性，却不应以统计工具来保证经济理论中的效用函数的一贯性。无论如何，应该了解到，需求预测仅是作为反映上述所提及的各种行为理论的统计工具而已，要使需求预测得到确切的保证，最重要的还是掌握人类行为"质的普遍性"的知识。但是，这并不是意味着：只要纳入行为理论，其需求估计值便会和未来实现值一致的精准；而是，若能够确切掌握人类行为的普遍性，即使需求估计的结果不一定精准，但其所获得的"如何朝向精准的需求估计"的知识，却能在未来持续地获得保证（质的普遍性），进而丰富理论基础，这将有助于未来的相关研究能逐步完善此需求估计的精准度。因此，对于行为理论的研究，今后仍必须投入许多的努力。

第四章

基于 Logit 模型的出行
方式选择行为分析

第一节　通勤者出行方式选择
行为模型构建

私家车的过度使用，造成日益恶化的道路交通拥堵、停车困难以及空气污染等社会问题，为解决此类问题，除大力发展公共交通之外，在交通政策上如何促使私家车出行有效转移至公共交通，提升公共交通使用率，成为一个重要课题。而在影响通勤者交通工具选择决策的各种因素中，除了个人特性与出行特性之外，许多研究还指出公共交通工具的服务质量与出行者的心理因素也是重要的影响因素。因此，本书的目的在于探讨停车费用的调整政策对于私家车通勤者交通工具选择与转移行为的影响，除探讨出行特性、个人属性之外，在公共交通工具服务属性上，除传统的交通工具服务属性外更加入出行者心理因素进行分析。在分析数据取得上是以叙述性偏好（SP）为基础进行调查问卷的设计。

在本章节中，将介绍在过去的研究中，政策层面（停车费用）对于通勤者交通工具选择的影响，以及有关交通工具服务质量相关研究，用以说明上述研究目的的合理性与重要性。

一、交通政策措施——停车收费

为改善私家车大量使用所造成的各种问题，通过政策层面的策略措施来抑制私家车的使用是交通需求管理（TDM）中的重要方法。在许多研究中指出，收取（增加）工作地点的停车费用对于通勤者交通工具选择有显著的影响。

1989 年，美国一项全国性交通调查中显示有 90% 的私家车通勤者不需支付停车费用，大多是由雇主支付（employer-paid）。而针对雇主支付停车津贴（parking subsidies）所造成的影响，索普和皮克利尔（Shoup & Pickrell，1980）、梅拉比安（Mehranian，1987）等的研究中都指出，由雇主支付停车费用将造成独自开车（solo driving）的比例增加。而威尔森和索普（Willson & Shoup，1990）根据 1986 年洛杉矶工作地区通勤交通工具调查的资料（Barton Aschman Associates，Inc.，1986）分析补助停车费用的影响与普遍性，其研究结果表明，需要支付停车费用的通勤者中仅 24% 的通勤者会选择独自开车。而洛杉矶使用私家车作为通勤交通工具者中，有 80% 的通勤者不需支付停车费用，由此可知，若降低免费停车的比例，则可降低通勤者使用私家车的比例。

达克等（Ducker et al.，1998）指出当需支付停车费用的通勤者的比例从 5% 增加至 10%，则选择独自开车的比例由 77% 降至 67%，且选择公共交通工具的比例由 10% 增加至 21%。此研究中更指出，结合增加公共交通的服务频率（frequency）与停车费用两种政策对于公共交通工具所占有的比例有更大的影响。而威尔森在 1993 年与 1995 年间，以美国加州 Glendale 地区两家公司为研究对象，通过"鼓励合乘"以及运用 consensus-building 技巧得知员工所能接受的停车费用并施行收取停车费用等两种制度，该计划显示在两家参与的公司中，平均合乘人数皆由 1.15 人增加至超过 1.5 人，且每天车辆出行距离减少超过 12 500 英里。该计划的施行不仅替雇主节省了过去所支付的补助停车费用，更可减少所需的停车位。赫斯（Hess，2001）以多元 Logit 模型分析，免费停车的通勤者选择独自开车、合乘以及使用公共交通工具的接受度，研究结果显示，增加工作地点的停车费用以及减少公共交通工具出行时间，均能有效降低独自开车的比例。而比安科（Bianco，2000）则提出，设置路边停车计时器与公共交通工具票价的折扣政策可减少独自开车的比例。

亨舍和金（Hensher & King，2001）在对悉尼 CBD 停车的数据调查基础上，指出在 CBD 提高停车费率可以明显提高公共交通工具的使用比例，驾驶者也会把车辆停泊在非 CBD 中心区的其他地方，但是对于在 CBD 边缘和外部停车影响很小。约拉姆（Shiftan，2000）在海法市对非工作出行进行了调查，发现停车价格与步行距离存在关联。TCRP 报告 2005 版指出在美国，通勤者的停车价格与停车需求量的弹性系数在（-0.1 ~ -0.6）。说明调整停车价格可以影响停车需求量，进而减少总驾驶里程。对通勤者收取额外停车费用或提高停车费率，能降低高峰期的停车数量，并能减少20% ~ 50% 的长时间停车行为。在停车需求管理状态下，出行模式几乎无变化，但停车地点和时长发生了变化。保罗沃特斯等（2006），对工作地停车进行了研究，得出结论：企业是否提供免费停车对不同的人（不同的年龄、性别、职业、收入水平等）影响不同。但收费停车的方式会促使总体驾车出行比例下降。索普（2006）在《停车位搜寻》一文中指出，平均30% 的交通量产生于停车搜寻。可以通过调整路内路外停车费用调节停车位搜寻时间，路边停车位空置率在 15% 左右为最优。姜涛（2006）在《城市机动车停车收费问题研究》一文中指出，一旦停车费用上涨，超过半数的通勤者表示会改变停车地点，19.3% 的驾车出行者将减少驾车出行的频率。李珊珊（2008）通过对昆明市的交通调查发现，当停车费用从 6 元/次提高到 8 元/次后，公交车的出行分担率由提高到76%，证明了停车收费与公交车的交通分担率之间存在正向关系。薄乐（2009）在对北京市私家车出行者进行调研的基础上，以广义最优费用原则计算得出：一次停车费用由 5 元增长为 10 元、15 元、20 元时，对应的私家车出行比例为 2.5%、5.88%、25.52%、67.11%。王曼等（2008）对上海闸北区停车进行了意向调查后发现，当停车费用增加 5 元时，公交车分担率相应提高27%。关宏志等（2008）在北京市进行了出行行为问卷调查，并使用 ML 模型进行分析，结果显示不论停车费用是否需要出行者个人承担，费用项系数值均为负值，说明，停车费用增加会减少驾车出行行为。

综上所述，停车费用对于通勤者在交通工具选择上具有相当程度的影响，因此，为了解通过增加（征收）停车费用对于使用私家车的通勤者在交通工具转移上的影响，本书中将以停车费用作为研究的一个主要政策变量进行探讨。

二、公共交通服务质量

依据消费者行为理论，影响出行者出行方式选择的因素大体上可以分为三类：出行环境特性（如出行目的、出行距离等）、出行者的个人属性（如性别、年龄、收入等）以及交通工具的相对服务水平（如出行时间、成本、可达性、舒适度等）。通过上述分析可知，影响出行者出行方式选择的因素极多，有些甚至难以量化，因此难以将所有变量都纳入同一模型的中进行分析。为避免忽略不可量化的因子（如服务水平）所带来的误差影响参数估计结果的可靠性，许多研究陆续将交通工具服务水平纳入评价模型中。

综观出行方式选择的相关研究可发现，在影响出行者出行方式选择的因素上，近些年来，出现了大量文献探讨交通工具服务属性（如舒适性、安全性等）的影响。下文将介绍考虑"交通工具服务属性"的出行方式选择模型的相关研究，并对这些研究的分析方法及分析结论加以说明。

本阿卡拉等（1998）认为潜变量模型在社会学以及行为科学上已经沿用多年，并广泛的被运用在测量无法观测因素，如态度与认知等，但以往的研究未能确切的将结构方程模型与选择模型进行整合，导致选择模型的预测能力受到质疑。有鉴于此，决定将离散选择模型与结构方程模型合并成一个系统模型，来解释并预测个体的选择行为。最后通过三个案例的研究，得到整合选择及潜变量的模型确实能够具有较强的解释能力以及改善离散选择模型的缺点。陈筱葳（2002）以叙述性偏好法探讨中国台湾未来高铁营运后，城际旅客的交通工具选择行为。该研究以结构方程模型用以衡量旅客对于现有交通工具进行选择时，所考虑的无法直接观测的属性，如"可靠性""舒适性""安全性""形象性"等5个构面，其中包含17项服务质量指标。通过结构方程式模型求得每位受访者对于各构面的因子得分后，以其作为解释变量纳入选择模型中。模型分析中分别以多项Logit与多项Probit模型为整合显示性偏好与叙述性偏好模型构建。由整合模型估计结果得知，年龄、收入、同行人数、出行时间与票价，以及铁路的舒适性与安全性、航空的可靠性与客运的形象性等，都会影响城际交通工具选择。亨舍等（2002）建立了用以衡量市区内公交车营业者的服务质量指标体系（service quality index，SQI）。其中包括13项服务质量属性，且将属性水平分为3个等级，并设计显示性偏好（Revealed Preference，RP）与叙述性偏好（Stated Preference，SP）问卷，用以分析乘客的选择行为。通过显示性偏好问卷收集乘客对于当次出行服务质量的感受；在叙述性偏好问卷中以部分析因设计（fractional factorial design）方式生成除原公交车公司之外的另两家虚拟公交车公司，并给予乘客依照选择偏好选择的方案。在模型的构建上，以多元Logit模型为基础进行分析，13项服务质量指标则以虚拟变量的方式纳入选择模型当中。模型估计结果显示，票价、准点性、车内与车外出行时间、安全性、有无空调设施、座椅清洁性、驾驶员服务态度以及公交站点的信息设备等变量对于乘客选择不同的公交车公司有显著的影响。布朗和泰勒（Brown & Tyler，2001）从定性和定量两个方面对乘客使用公共交通的方便程度进行了评价。定性的指标有舒适、安全、快捷，定量的指标为时间、距离和出行费用。

陈坚等（2013）构建SEM-Logit模型对出行方式选择行为进行分析，结果发现加入"服务环境""舒适性""安全性""等车感受""方便性"等服务质量测量指标后，模型的解释能力更强，精确度更高。说明公共交通工具服务水平的确对出行方式选择有显著影响。白玉方等（2012）通过对上海市进行的出行意愿调查获得分析数据，构建公交出行意愿Logistic模型，并定量对影响因素进行分析。研究发现，公交和小汽车服务质量的变化在不同程度上影响了出行者的公交出行意愿，提高公交分担率必须从提高公交服务质量和对小汽车运行环境进行管制同时入手，以期获得社会效益的最大化。

由上可知，交通工具服务质量对于出行者出行方式选择而言，确实具有相当重要的影响力，然而，服务质量是受访者的心理感受，是不可量化的潜变量（latent variable），若直接以指标的得分高低作为变量值，会产生衡量尺度范围差异而影响估计结果的状况，且指标之间可能具有相关性，若以上述方法可能会导致共线性问题的产生。因此，许多研究都以"构面"方式代替指标变量，而构面可由探索性因素分析法或通过结构方程模型得到所对应的指标变量。

三、模型构建

出行者在做出行方式选择的决策时，除了受到自身社会、经济条件以及对不同交通工具主观的态度与期望的影响，还会受到外在环境条件的影响。后者即为本书定义的"停车费用"以及公共交通工具的出行成本（票价）与出行时间。由于影响出行者交通工具选择的因素除了一般社会经济特性与出行特性外，近年来，有许多研究者对于"交通工具服务质量"与出行者选择行为关系进行研究（Murtagh，2012；Rasheed，2012；阿齐兹，2005；陈坚等，2014）。因此本书在模型估计部分，将探讨"公共交通工具服务质量"对于出行者交通工具选择的影响。此外，针对增加停车费用对于通勤者交通工具选择的影响进行弹性分析以及政策分析。驾车、公交车以及轨道交通三种交通方式的效用函数表达如下：

$$U_{公交} = \alpha_{公交} + \alpha_1 时间 + \alpha_2 费用 + \beta_1 个人属性$$
$$+ \gamma_1 服务水平_{公交} + \varepsilon \tag{4-1}$$
$$U_{轨道} = \alpha_{轨道} + \alpha_1 时间 + \alpha_2 费用 + \beta_2 个人属性$$
$$+ \gamma_2 服务水平_{轨道} + \varepsilon \tag{4-2}$$
$$U_{驾车} = \alpha_1 时间 + \alpha_2 费用 + \varepsilon \tag{4-3}$$

为了解出行者在不同停车费用以及公共交通工具的出行成本与出行时间情境下，对于交通工具的选择行为，本书利用叙述性偏好（SP）数据，建立城市中通勤者出行方式选择模型。假设效用函数中不可观测的误差项

ε 为独立且完全相同的 Gumbel 分布，通过对 Gumbel 分布的累积密度函数积分可推导出多元 Logit 模型，其概率形式如式（4－4）所示。

$$P_n(i) = \frac{e^{(V_{ni})}}{\sum_{j=1}^{J} e^{(V_{nj})}} \tag{4-4}$$

第二节　调查问卷设计与统计分析

本书是以消费者行为理论为基础，考察受访者对于公共交通服务水平的评价以及对不同的公共交通工具（本书以公交车与轨道交通为主要研究对象）的偏好程度，主要目的是尝试了解目前使用私家车的通勤者在未来转而使用公共交通工具作为通勤交通工具的主要影响因素。本书通过叙述性偏好法的问卷设计方式来搜集通勤者的相关资料。本节将针对问卷设计、资料收集方法与初步结果作以说明、分析及整理。

一、调查问卷设计基础

1. 调查方法

出行方式选择分析首先需要进行出行行为数据调查，调查数据主要包括出行者个人属性、交通工具属性以及选择偏好信息等。主流的调查方法有两种：行为调查（revealed preference survey，RP 调查法）和意愿调查（stated preference survey，SP 调查法）。RP 调查法主要针对某些已经实施的交通政策或已经存在的交通设施的使用情况进行相关调查，需要被调查者依据其真实出行行为填写调查问卷。由于 RP 调查能得到实际发生了的或者是实地观测到的行为数据，用该方法建立的交通行为模型的参数是通过真实数据标定的，因而，模型可靠性较高。但是，RP 数据也存在着难以克服的缺陷：①调查变量选取幅度受限，例如公交车票价只存在 1 元、2 元；②新政策或新型交通设施应用后的变化情况无法使用 PR 调查获得预测数据；③为解决调查变量间存在相关性问题，通常需要在问卷中设计大量问题让被调查对象回答，容易引起受访者的反感。

SP 调查是"为获得人们对假定条件下的多个选择方案所表现出来的主观偏好"（Mohammad，2000）而开展的意愿性调查。由于是在"假定条件下"进行的调查，SP 调查问卷设计中可以虚拟出现实中暂时未出现的选择方案供被调查者选择，从而弥补 RP 方法的前两个缺陷。采取特殊的处理方法（如正交设计法）设计出的交通 SP 调查表很大程度上降低了调查问卷中各选择方案间的相关性，从而克服 RP 调查的最后一个缺陷。

SP 调查最早应用于经济研究领域，作为一种用来了解消费者的消费行为的市场分析工具。20 世纪 70 年代末，英国交通研究人员尝试将 SP 调查引入到交通问题研究。随后，美国、澳大利亚等国也开始了类似的调查研究。1983 年，卢维埃和亨舍（Louviere & Hensher，1983）将 SP 调查运用到城市居民的出行方式选择研究，此后福克斯（Fowkes，1988）、布林德利（Brindley，1998）、克罗斯（Kroes，1998）、贝茨（Bates，1998）等也采用 SP 调查法发表了一系列交通行为方面的研究成果，SP 调查法逐渐在交通领域推广并普及，并逐步成为了该领域中的数据获取的一种主流方法。20 世纪 90 年代，奥图扎与加里多（Ortuzar & Garrido，1994）、福德斯（Fowdes，1996）、库普帕姆（Kuppam，1998）、哈塔克（Khattak，1999）等学者采用 RP/SP 结合调查法，进行了停车收费、出行方式选择以及车辆拥有率预测等方面的研究。同时期，SP 调查法引入我国交通研究领域，主要集中在交通行为分析、需求预测以及路径选择等方面（赵鹏，2000）。以往的实践应用证明，SP 调查方法是一种行之有效的交通行为研究工具。

现实中，受访者对 SP 调查的各虚拟选择方案的反应有较大差异，因而仅使用 SP 调查数据进行建模预测极可能产生由假设意向数据失真的预测偏差（张喜，2000）。从调查方法角度来说，RP 数据真实、可靠而 SP 数据可操作性强，从数据建模角度来说，RP 数据与 SP 数据可以起到相互补充的作用，因此 RP/SP 结合数据模型标定方法更加科学合理，其主要优点如下（姚恩建，2002）：①RP 数据能够纠正 SP 数据中的误差；②可以更有效地获得效用函数中的共有变量；③能够确认出行者对于新交通方式、交通政策的偏爱程度。

RP 调查主要获得出行者的个人属性、家庭属性以及部分出行方式属性等。出行者对虚拟交通政策或未来的交通方式的偏好采取 SP 调查，SP 调查数据是否符合客观规律，是否便于建立出行方式选择行为模型，主要取决于交通 SP 调查问卷情境的设计。SP 调查问卷需反映出影响出行方式选择的交通服务属性及属性的水平（焦鹏鹏，2005），例如，出行费用、出行耗时等，而每个属性需具备多个水平。在 SP 调查设计阶段存在一个棘手的问题，即调查者为得到尽可能全面的调研资料，期望受访者尽量多的回答问题；同时，为保证调查过程得到受访者的全面配合又希望尽量少地设计调查问题。因此，如何设计出科学合理的 RP/SP 调查问卷是出行方式选择行为调查的基础。

本书针对通勤者的出行方式选择行为进行研究，考虑调节停车收费标准以及改善公共交通工具服务水平对其出行选择行为的影响。由于现实当中短期内很难改变同一地区的停车收费标准与公交营运状态，因此采用 RP/SP 联合调查法进行数据获取，并建立 Logit 模型。

为保证模型估计的准确性，在进行通勤者出行方式选择行为调查之前，首先要确定调研对象（驾车通勤者）的抽样方法。抽样又称取样，是从研究对象的所有样本中抽取部分样本的一种做法。其基本要求是通过对被抽取样本的分析、研究结果可以估计和推断全部样本的特性。显然，抽样调查虽然是非全面调查，但它的目的却在于取得反映总体情况的信息资料，因而，也可起到全面调查的作用。

在总体中抽取一个样本时，要尽可能地使样本具有代表性。如果样本的统计值近似总体的参数值，则这个样本可以称为一个代表性样本（representative sample）。为尽量减小抽样误差，产生具有代表性样本的步骤如下：

（1）界定总体。根据调查的目的要求，确定调查对象的范围，包括时间、地点和人物。

（2）确定抽样框。抽样框也叫抽样范围，是指一次抽样时总体中所有个案（元素）的完整清单。在应用之前必须审核其完整性和准确性。

例如，有无遗漏，有无列于名单上但实际上不存在的个案，有没有重复或不属于研究范围的等。

（3）设计和选取样本。决定样本的大小时，必须同时考虑抽样误差和研究代价。在正常的情况下，样本越大就越有代表性，但是样本越大，所需的研究代价就越大。抽样方法有许多种，不同的方法产生的样本代表性是不同的。

根据抽选样本的方法，抽样调查可以分为概率抽样和非概率抽样两类。概率抽样是按照概率论和数理统计的原理从调查研究的总体中，根据随机原则来抽选样本，并从数量上对总体的某些特征做出估计推断，对推断出可能出现的误差可以从概率意义上加以控制。习惯上将概率抽样称为抽样调查。概率抽样方法包括简单随机抽样、系统抽样、分层随机抽样、整群抽样等。

（4）样本评估。在样本抽出后，需采用各种调查方法对样本进行实际调查以收集资料，最后对收集到的资料进行计算并将结果推论和说明总体。在开始调查之前要对样本进行评估，评估的目的是初步检查样本的代表性，以免由于前面步骤中的失误使样本偏差太大，如果样本与总体的情况相似，这样的样本就有代表性，如果两者资料相差甚多，则表明前面的抽样步骤有问题要检查、修正。

本书界定的总体范围是大连市中心城区利用私家车作为主要出行方式的通勤者，样本框包含了性别、职业、年龄段以及个人收入水平等特征。确定了样本框之后，应决定如何抽取包括在其中的个案。本书样本的抽取采用了分层随机抽样的方法，即将总体依照某一种或某几种特性分为几个子总体（例如，出行距离），每个子总体称为一层，然后从每一层中抽取一个子样本，将这些子样本合在一起即为总体的样本。

2. 调查问卷设计方法

设计出行方式选择意愿调查问卷包括明确问卷设计主旨、确立问卷设计程序以及选择科学合理的试验设计方法等内容。

（1）问卷设计主旨。

出行方式选择意愿调查本质上是采用特定的调研手段对受访者的个体

特征及选择意愿进行测量。根据调查的目的要求，研究调查内容、调查范围等，酝酿问卷的整体构思，将所需要的资料一一列出，分析哪些是主要资料，哪些是次要资料，淘汰那些不需要的资料，再分析哪些资料需要通过问卷取得、需要向谁调查等，确定调查地点、时间及调查问题等。为保证调查质量，问卷设计应遵循以下六条原则：

①合理性。调查问卷必须与调查主题紧密相关。违背了这样一点，再精致的问卷都是无效的。体现问卷调查主题的首要工作是找出与"调查主题的相关要素"。

②一般性。一般性是指问卷题项是否具有普遍意义。这是问卷设计的一个基本要求。

③逻辑性。问卷的设计时，题项与题项之间需具有逻辑性，当然独立的问题本身不会出现逻辑上的谬误。逻辑性使问卷成为一个有机整体。在具有综合性的问卷设计过程中，调查者可以将具有较大差异性的问项进行分块处理，从而保证"分块"内部的问题密切相关。

④明确性。明确性既题项设置的规范性。具体来说，该原则是指命题准确，问项清晰、便于填答等。

⑤中立性。中立性指的是题项要设置在中性位置、不带有诱导性或主观臆断，完全将受访者的独立性与客观性摆在问卷操作的限制条件的位置上。

⑥便于整理分析。问卷设计除了考虑到紧密结合调查主题与方便信息收集外，还要考虑到调查结果的易得性，同时保证调查结果的说服力。这就需要在问卷设计时就考虑到问卷调查后的数据整理与分析工作。

首先，要求调查指标是能够累加和便于累加的；其次，指标的累计与相对数的计算是有意义的；再次，能够通过数据清楚明了地说明所要调查的问题。只有这样，调查工作才能收到预期的效果。

（2）调查问卷的设计程序。

调查问卷的设计程序主要包括明确所需信息、分析问卷的类型、确定问题的内容、把握问题的措辞、设定问题的顺序。

①明确所需信息。把握所有达到研究目的和验证研究假设所需要的信

息，确定用于分析使用这些信息的方法，并按这些分析方法所要求的形式来收集资料、把握信息。

②分析问卷的类型。制约问卷选择的因素很多，而且研究课题不同，调查项目不同，主导制约因素也不一样。在确定问卷类型时，先必须综合考虑这些制约因素：调研费用，时效性要求，被调查对象，调查内容。

③确定问题的性质与内容。确定问题的内容时要考虑个体的差异性问题，例如，某些受访者认为容易的问题其他受访者可能认为很困难；某些受访者认为熟悉的问题，其他受访者却认为很陌生。因此，确定问题的内容，最好与被调查对象联系起来。分析一下被调查者群体，有时比盲目分析问题的内容效果要好。

④把握问题的措辞。问题的陈述应尽量简洁、清楚，避免模糊信息。在语言使用上应通俗易懂，尤其注重在用词方面，避免使用过于抽象的专业术语，尽量替换成为通俗易懂的词汇，避免提带有双重或多重含义的问题，避免使用否定句、疑问句、引导性语句、断定性语句、假设性问题，注意规避问题的从众效应和权威效应，最大限度上减轻被调查者产生的消极情绪。

⑤设定问题的顺序。一般而言，问卷的开头部分应安排比较容易的问题，这样可以给被调查者一种轻松、愉快的感觉，以便于他们继续答下去。中间部分最好安排一些核心问题，即调查者需要掌握的资料，这一部分是问卷的核心部分，应该妥善安排。结尾部分可以安排一些背景资料，如职业、年龄、收入等。个人背景资料虽然也属于事实性问题，也十分容易回答，但有些问题，诸如收入、年龄等同样属于敏感性问题，因此一般安排在末尾部分。当然在不涉及敏感性问题的情况下也可将背景资料安排在开头部分。

（3）正交试验设计。

为保证调查数据准确可靠，应该在设计调查问卷时尽量详尽的列举相关问题，以便得出具有可信度和有效性的结论。但考虑到受访者问卷填写的配合度，问卷问题设计不宜过多，因此需要寻找一种科学合理的试验方法，即保证调查问卷全面反映总体情况，又不会使受访者在填写过程中产生厌烦情绪。目前研究人员在设计出行方式选择意愿调查的试验方案时，通常使用的设计方法包括全面试验设计法和正交试验设计法。

在全面试验设计中，为获得全面试验信息，会对所选取的全部试验因素的所有水平进行组合，让受访者对每一种组合做出判断，该试验设计方法是一种最基本、最简单的试验设计。如果某一项调查有 m 个变量，每一个变量均有 l_1，l_2，l_3，$\cdots$，l_m 个水平，则全面设计要求受访者做 $l_1 \times l_2 \times l_3 \times \cdots \times l_m$ 次判断。这种试验设计方法的优点是可以获得全面的数据结果，结论也相对准确；缺点是受访者判断次数过多，并且存在多次重复判断。

正交试验设计（orthogonal experimental design）是研究多种因素、多个水平的一种设计方法，它是根据正交性从全面试验中挑选出部分有代表性的点进行试验，这些有代表性的点具备了均匀分散，齐整可比的特点，正交试验设计是分式析因设计的主要方法。是一种高效率、快速、经济的实验设计方法（方开泰，2001）。

20 世纪 60 年代，日本著名的统计学家田口玄一（1960）将正交试验选择的水平组合列成表格，称为正交表。例如，作一个三因素三水平的实验，按全面实验要求，需进行 $3^3 = 27$ 种组合的实验，且尚未考虑每一组合的重复数。若按 L9（3^4）正交表安排实验，只需作 9 次，显然大大减少了工作量。因而正交实验设计在很多领域的研究中已经得到广泛应用。

二、调查描述与数据分析

本部分假定通勤者居住在城市中心区以外，工作地点在城市中心区，居住地至工作地点的道路里程为 10 公里。设计的问卷主要包括四个部分，第一部分是通勤者的当前出行特性调查。第二部分是公共交通工具服务质量满意度调查，使用李克特（Likert）5 级量表来调查受访者的感受，尺度由"非常重要"分值为 5 分，依次排序至"非常不重要"分值为 1 分。

第三部分是收集交通工具偏好数据，将使用私家车所需的停车费用与使用公共交通的出行时间和成本三个属性的搭配组合产生情境，探讨受访者同时考虑此三种属性的决策行为。第四部分为调查通勤者的个人属性，下文将依次介绍问卷内容。

图 4-1 为出行方式示意图。

1. 公交车——通勤者徒步到公交车站，乘坐公交车到达站点后步行到工作岗位

步行时间　　　　　乘车时间　　　　　步行时间

2. 轨道交通——通勤者徒步到轨道车站，乘坐地铁、轻轨到达站点后步行到工作岗位

步行时间　　　　　乘车时间　　　　　步行时间

3. 驾车出行——通勤者驾车直达工作地附近停车场，步行至工作岗位

乘车时间　　　　　停车场费用　步行时间
　　　　　　　　　搜寻车位时间

图 4-1　出行方式示意

1. 通勤者当前出行特性调查

这部分主要调查驾车通勤者当前的出行状况，属于 RP 调查，主要分为两部分，第一部分为：上下班途中停靠的次数、出行时间、私家车停放地点、停车费用等。第二部分为：居住地点到工作地点的距离以及公共交通站点与居住地点、工作地点的步行距离等特性数据。其中，出行时间、出行距离、步行距离以及停车费用等为现状数据，将这些数据与交通工具偏好问卷结合，可以进一步分析出行成本及时间的节省对于通勤者交通工

具选择行为的影响。具体如下：

上下班途中的停靠次数题项是为分析通勤出行链复杂程度与出行方式选择之间的关系而设定的。询问受访者通勤过程中停靠的次数与目的。出行时间调查包括出发时间、步行至停车场时间、车内时间、搜寻车位时间以及步行至停车场时间，需要受访者按照个人正常情况进行填答，在数据分析过程中可将各阶段的时间换算为出行距离。停车设施类型题项需要受访者回答经常使用停车设施类型，如配建停车场、路外公共停车场、路内停车场以及其他。停车费用是受访者当前需要支付的费用水平，设置了包月费用及日费用可选择填答。工作方式题项需要受访者填答当前的工作模式是固定时制（早八晚五）抑或弹性时制，希望了解工作方式是否会影响到出行方式的选择行为。为了解居住地点与出行方式选择之间的关系，问卷中以县（区）为区域划分设定了 8 个选项，需要受访者根据自身实际情况进行选择。详见附录一。

2. 公共交通工具服务质量数据

对于公交车与轨道交通这两种公共交通系统，针对特定的通勤者而言，应有不同的偏好程度，因此，在本书通过不同的公共交通服务内容来了解通勤者对于轨道交通、公交车两者认知上的偏好。通过此类问题了解通勤者认知上的偏好，可以避免一般问卷中忽略受访者在做选择时内心不可观察的部分。具体来说，为两类公共交通工具分别设置了安全性、舒适性、便捷性以及可靠性四类描述选择偏好的潜变量，并用 13 个可测量指标对其进行表达，见附件一。

3. 个人属性调查

这部分主要调查受访者的社会、经济属性，属于 RP 调查，其中包括：性别、年龄、婚姻状况、职业、学历、年均收入信息。结合虚拟情境的意向调查可以深入了解受访者的个人属性对出行方式选择行为的影响。

4. 交通工具特性资料——虚拟情境调查

影响私家车通勤者改乘公共交通工具的因素大致可以分为定量及定性两大类，前者如出行时间、成本、班次等，后者则是交通工具的服务质量

（如安全、舒适性等），本书定义的定量属性主要采用三个属性，包括停车费用、出行时间以及票价三者。依据不同属性水平值的组合情境，询问受访者在三种不同的出行方式中会选择哪一种，由此设计出的情境问卷，除可了解通勤者出行方式选择行为之外，还可以分析出行方式转移行为。如前所述，针对该部分，每一位受访者均须回答三组情境题目。以下将说明属性水平值的定义。

（1）停车费用。

停车费用表示通勤者在工作地点停车所必须支付的费用，本书中的数值表示每日支付比原停车费用所增加的费用。由于本书中私人交通工具定义为汽车，针对汽车的停车费用，根据大连市 2014 年 6 月开始执行的《关于进一步加强停车场收费管理的通知》中的规定，大连市中心区停车场按月收费的标准为占道停车设施 150 元/月，路外停车设施 300元/月。即每天 5 元到 10 元不等。因此，为达到"谁使用，谁付费"的公平原则、抑制小汽车使用的增长、提升公共交通工具的竞争力，本书将停车费用的属性值定义为：停车费用 10 元/天、20 元/天以及 30 元/天 3 个水平。由于调查问卷中设定的公共交通出行方式是以单程相关时间、费用作为调查题项，因此停车费用也应相应减半，即为 5 元、10 元与 15 元。

由于通勤者的出行距离不同，因此出行时间以及票价两者的属性值也有所不同。依据"大连市交通状况调查表"中显示私家车在上下班（学）用途上每个月行驶公里数的资料，经本书整理如表 4 - 1 所示，显示通勤者每日通勤出行距离（单程）在 5 公里以下者占 31.6%，5 ~ 10公里者占 40.65%，10 ~ 20 公里者占 19.4%，其余为 20 公里以上的出行距离者，平均出行距离约为 10 公里。据此本章节设定出行距离为 10公里的意向调查问卷，考察在不同票价、不同出行时间以及停车费用的情况下，出行者的决策行为。同时，为检验出行距离的变化对出行选择行为的影响，设定了出行距离为 20 公里的意向调查，详细情况见下文（见图 4 - 2）。

表 4 – 1		私家车通勤者每日通勤距离（单程）			
通勤距离	≤5 公里	5 ~ 10 公里	10 ~ 20 公里	20 ~ 40 公里	40 公里以上
百分比	31.62	40.65	19.35	6.45	1.94

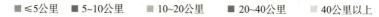

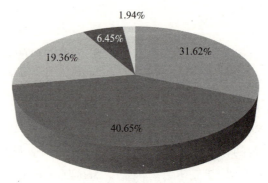

图 4 – 2　通勤距离分布

（2）公共交通工具票价。

公交票价表示通勤者选择公共交通工具所需支付的票价。依据大连轻轨票价表（见表 4 – 2）以及地铁票价表（见表 4 – 3）所示，可将轨道交通票价依照距离定义为：出行距离 10 公里的轻轨或地铁票价为 2 元或 3 元；为体现公交优先原则，增加 1 元优惠票价。公车票价一般收费为单一票价 1 元（公交公司）或 2 元（联营公司），公交线路长度一般在 10 公里以内，考虑到出行起止点距离超过 10 公里后需要换乘，因此将不同出行距离下的公交票价做以下假定：出行距离为 10 公里票价为 1 元或 2 元，为考察票价优惠政策对出行方式选择的影响，增设公交票价 0.5 元。

表 4 – 2				大连轻轨票价				
轻轨票价（元）	1	2	3	4	5	6	7	8
分段处	金家街	后盐	大连湾	开发区	保税区	双 D 港	九里	金石滩
运营里程（公里）	6.9	14.7	21.1	29.8	31.4	—	—	—

表 4 – 3　　　　　　　　　　　大连地铁预计票价

地铁票价（元）	2	3	4	5	6
方案 1（公里）	0 ~ 5	5 ~ 11	11 ~ 17	17 ~ 25	25 ~ 33
方案 2（公里）	0 ~ 6	6 ~ 11	11 ~ 17	17 ~ 24	24 ~ 32
方案 3（公里）	0 ~ 6	6 ~ 12	12 ~ 18	18 ~ 26	26 ~ 34

（3）出行时间。

出行时间表示通勤者使用不同的交通工具从居住地至工作地的行程耗时，主要包括车内时间与车外时间两部分。由出行距离以及交通工具行驶速率可得知交通工具的车内时间。车外时间主要包括步行时间与候车时间，对于乘坐公共交通工具而言，步行时间包括两段，居住地到车站的步行时间（步行时间 1）以及车站到工作地的步行时间（步行时间 2），为研究方便本章节不考虑候车时间。对于驾车出行来说，步行时间主要考虑停车场到工作地的时间，同时应考虑在停车设施处的寻泊时间。由上文可知，小汽车、轨道交通以及公交车的行驶速率可由表 4 – 4 获得。轨道交通列车平均行驶速率约每小时 35 公里（含列车在车站平均约 25 秒的停靠时间），设定出行距离 10 公里时乘坐轨道交通的车内时间为 20 分钟，由于轨道交通线路较少，覆盖度低，因此步行距离较长，本章设定选择轨道交通出行的步行时间 1 为：5 分钟、10 分钟及 20 分钟；步行时间 2 为：5 分钟、10 分钟及 15 分钟。我国大城市公交车出行速率为 15 ~ 20 公里/小时，道路拥堵时低至 12 公里/小时，在 10 公里的出行距离上，乘坐公交车的车内时间在 30 分钟至 50 分钟之间，设定公交车车内时间为 30 分钟、40 分钟、50 分钟 3 个水平。由于公交线路发达，出行者的步行距离往往较短，因此设定乘坐公交出行的步行时间 1 为 3 分钟、5 分钟与 10 分钟 3 个水平；步行时间 2 设定为 1 分钟、3 分钟以及 5 分钟三个水平。驾车出行的车外时间即为从停车场步行至工作地点的时间，设定为 1 分钟、3 分钟以及 5 分钟 3 个档次。小汽车的交通高峰期行驶速度为 20 ~ 30 公里/小时，因此，设定在 10 公里的出行距离上，车内时间为 20 分钟、25 分钟以及 30 分钟，搜寻停车位的时间（寻泊时间）为 0 分钟、3 分钟以及 5

分钟。

表 4 – 4 　　　　各交通方式容量、运送速度、单位动态占地面积比较

种类	交通方式	容量（万人/车道·小时）	运送速度（公里/小时）	动态占地面积（平方米/人）
私人交通工具	步行	0.1	4.5	1.2
	自行车	0.1	10 ~ 12	2.0
	摩托车	0.1	20 ~ 30	22
	小汽车	0.15	20 ~ 30	32
公共交通工具	公共汽车	1.0 ~ 1.2	15 ~ 20	1.0
	轻轨	1.0 ~ 3.0	35	0.2
	地铁	3.0 ~ 7.0	35	0.2

资料来源：陈旭梅，童华磊，高士廉. 城市轨道交通可持续发展.

依据前文提出的停车费用情况、公共交通工具的票价、出行距离以及出行时间情况，构建不同影响因素水平值组合，如表 4 – 5 所示。

表 4 – 5 　　　　　出行距离 10 公里属性水平值

	驾车出行				公交出行				轨道交通			
	停车费	步行时间	寻泊时间	车内时间	票价	步行时间1	步行时间2	车内时间	票价	步行时间1	步行时间2	车内时间
水平1	5	1	0	20	0.5	3	1	30	1	5	5	20
水平2	10	3	3	25	1	5	3	40	2	10	10	20
水平3	15	5	5	30	2	10	5	50	3	20	15	20

注：停车费、票价单位为元，时间单位为分钟。

由表 4 – 5 可知，出行方式选择虚拟情景的影响因素设定为 11 个，每个因素有 3 个水平，设计的组合数为 $3^{11} = 177\ 147$。

三、资料收集方法

由于研究对象为上班族，因此，为取得该样本，调查时间安排在非节

假日的上班时间。为尽量避免填写问卷时间过长，造成受访者产生厌倦情绪，进而导致调查数据的准确度降低，在问卷设计时需要进行预调研，以确保受访者能够在15分钟内填写完一份调查问卷。根据前文所确定的交通工具特性变量，若使用全面试验设计法，各种出行距离的试验方案水平组合数量多达 $3^{11} = 177\ 147$ 种，导致调查问卷的题项过多或样本量很大的情况下才能保证调研结果的准确性，因此本章采取正交试验法进行问卷设计。由前述可知，正交试验法既能大大减少试验次数，又可以保证解释变量之间的不相关性。试验方案选取13因子3水平的设计形式。根据 L27 (2×3^{13}) 正交表，得到正交试验方案共27种，如表4-6所示，再利用随机数排序法，每次抽取3组试验方案组成一套调查问卷，最终形成9套调查问卷，具体的选择方案见附录。

表4-6　　　　　　　　　　L27 正交试验设计

试验号	因素1	因素2	因素3	因素4	因素5	因素6	因素7	因素8	因素9	因素10	因素11	因素12	因素13
1	1	1	1	1	1	1	1	1	1	1	1	1	1
2	1	1	1	1	2	2	2	2	2	2	2	2	2
3	1	1	1	1	3	3	3	3	3	3	3	3	3
4	1	2	2	2	1	1	1	2	2	2	3	3	3
5	1	2	2	2	2	2	2	3	3	3	1	1	1
6	1	2	2	2	3	3	3	1	1	1	2	2	2
7	1	3	3	3	1	1	1	3	3	3	2	2	2
8	1	3	3	3	2	2	2	1	1	1	3	3	3
9	1	3	3	3	3	3	3	2	2	2	1	1	1
10	2	1	2	3	1	2	3	1	2	3	1	2	3
11	2	1	2	3	2	3	1	2	3	1	2	3	1
12	2	1	2	3	3	1	2	3	1	2	3	1	2
13	2	2	3	1	1	2	3	2	3	1	3	1	2
14	2	2	3	1	2	3	1	3	1	2	1	2	3

试验号	因素1	因素2	因素3	因素4	因素5	因素6	因素7	因素8	因素9	因素10	因素11	因素12	因素13
15	2	2	3	1	3	1	2	1	2	3	2	3	1
16	2	3	1	2	1	2	3	3	1	2	2	3	1
17	2	3	1	2	2	3	1	1	2	3	3	1	2
18	2	3	1	2	3	1	2	2	3	1	1	2	3
19	3	1	3	2	1	3	2	1	3	2	1	3	2
20	3	1	3	2	2	1	3	2	1	3	2	1	3
21	3	1	3	2	3	2	1	3	2	1	3	2	1
22	3	2	1	3	1	3	2	1	2	3	3	2	1
23	3	2	1	3	2	1	3	3	2	1	1	3	2
24	3	2	1	3	3	2	1	1	3	2	2	1	3
25	3	3	2	1	1	3	2	3	2	1	2	1	3
26	3	3	2	1	2	1	3	1	3	2	3	2	1
27	3	3	2	1	3	2	1	2	1	3	1	3	2

在本书中，利用 SP 偏好问卷探讨不同私家车通勤者的交通工具选择行为。在抽样时间上，如上述，调查时间以工作日为主，调查时间为 2015 年 2 月 15 日、21 日、25 日，共三天，调查地点为大连市中心城区的企事业单位（见表 4 - 7）。

表 4 - 7 　　　　　　　　　虚拟情境正交结构

试验号	驾车出行				公交出行				轨道交通		
	停车费	步行时间	寻泊时间	车内时间	票价	步行时间1	步行时间2	车内时间	票价	步行时间1	步行时间2
1	5	1	0	20	0.5	3	1	30	1	5	5
2	5	1	0	20	1	5	3	40	2	10	10
3	5	1	0	20	2	10	5	50	3	20	15

续表

试验号	驾车出行				公交出行				轨道交通		
	停车费	步行时间	寻泊时间	车内时间	票价	步行时间1	步行时间2	车内时间	票价	步行时间1	步行时间2
4	5	3	3	25	0.5	3	1	40	2	10	15
5	5	3	3	25	1	5	3	50	3	20	5
6	5	3	3	25	2	10	5	30	1	5	10
7	5	5	5	30	0.5	3	1	50	3	20	10
8	5	5	5	30	1	5	3	30	1	5	15
9	5	5	5	30	2	10	5	40	2	10	5
10	10	1	3	30	0.5	5	5	30	2	20	10
11	10	1	3	30	1	10	1	40	3	5	10
12	10	1	3	30	2	3	3	50	1	10	15
13	10	3	5	20	0.5	5	5	40	3	5	15
14	10	3	5	20	1	10	1	50	1	10	5
15	10	3	5	20	2	3	3	30	2	20	10
16	10	5	0	25	0.5	5	5	50	1	10	10
17	10	5	0	25	1	10	1	30	2	20	15
18	10	5	0	25	2	3	3	40	3	5	5
19	15	1	5	25	0.5	10	5	30	3	10	5
20	15	1	5	25	1	3	5	40	1	20	10
21	15	1	5	25	2	5	1	50	2	5	15
22	15	3	0	30	0.5	10	3	40	1	20	15
23	15	3	0	30	1	3	5	50	2	5	5
24	15	3	0	30	2	5	1	30	3	10	10
25	15	5	3	20	0.5	10	3	50	2	5	10
26	15	5	3	20	1	3	5	30	3	10	15
27	15	5	3	20	2	5	1	40	1	20	5

注：停车费、票价单位为元，时间单位为分钟。

利用随机数排序法，对 1 ~ 27 试验号（情境）进行排序，从前至后每 3 个随机数构成一套问卷。如表 4 - 8 所示。

表 4 - 8　　　　　　　　　调查问卷 1 的虚拟参数设定

试验号	驾车出行				公交出行				轨道交通		
	停车费	步行时间	寻泊时间	车内时间	票价	步行时间 1	步行时间 2	车内时间	票价	步行时间 1	步行时间 2
1	5	1	0	20	0.5	3	1	30	1	5	5
7	5	5	5	30	0.5	3	1	50	3	20	10
24	15	3	0	30	2	5	1	30	3	10	10

四、调查问卷数据整理与分析

本书的问卷调查共发出 300 份问卷，扣除填答不完全与选项冲突者（如受访者漏填或未按要求排序），有效问卷为 247 份。以下将依次针对问卷各部分的信息进行基本的统计分析。

1. 受访者个人基本资料

下文将针对个人属性资料与居住地、工作地区的信息进行统计分析与说明。

（1）个人社会、经济属性数据。

全部受访者中男女比例分别为 50% 与 50%；已婚者占 74.8%；年龄段大多介于 21 岁 ~ 60 岁间（占 98%），其中 21 岁到 40 岁占 77%，平均年龄约 36 岁；职业为商业、服务业与金融业比重最大，占 35.2%，其次为政府及事业单位公务人员，占 27.9%；教育程度大部分为大学程度，占 49%，次之为硕士（博士）以及高中（职业高中），分别占 24.7% 及 21.1%；个人年均收入约 6.86 万元，其中年收入 5 万 ~ 8 万元者占 36.4%，如表 4 - 9 所示。

表 4 - 9   通勤者个人属性资料

项目		样本数	百分比（%）
样本数		247	100
性别	男性	124	50
	女性	123	50
已婚		185	74.8
年龄	20 岁以下	0	0
	21～30 岁	73	29.6
	31～40 岁	117	47.4
	41～50 岁	48	19.4
	51～60 岁	9	3.7
	60 岁以上	0	0
平均年龄		36.2	
职业	公务人员	69	27.9
	农业从业人员	0	0
	工业企业从业人员	16	6.5
	商业、服务业	87	35.2
	自由职业者	45	18.2
	其他	30	12.2
学历	高中以下	3	1.2
	高中（职业高中）	10	4.1
	专科	52	21.1
	大学本科	121	49.0
	研究生及以上	61	24.7
年收入	3 万元以下	12	4.9
	3 万～5 万元	55	22.3
	5 万～8 万元	90	36.4
	8 万～12 万元	51	20.7
	12 万元以上	39	15.8
个人平均年收入（万元）		6.86	

（2）居住与工作地区资料。

居住地点位于大连市市内四区占 55.8%，37.6% 居住于高新园区，其余居住于开发区、旅顺口区及北三市；住处至工作地点的距离大多在 5 公里以内以及 5~10 公里，分别占 31.6% 与 40.6%，平均距离约为 8.7 公里，如表 4 - 10 所示。

表 4 - 10　　　　　　　　　　通勤者居住地资料

项目		样本数	百分比（%）
居住地点	市内四区	138	55.8
	高新园区	93	37.6
	其他（旅顺、北三市）	16	6.6
居住地至办公地点距离	5 公里以内	78	31.5
	5~10 公里	100	40.6
	10~20 公里	48	19.4
	20~40 公里	16	6.5
	40 公里以上	5	2.0
平均出行距离（公里）		8.7	

2. 通勤出行特性数据

表 4 - 11 整理受访者的通勤出行数据包括：上下班途中停靠次数、出行时间（步行至停车处、车上时间、寻找停车位）、车辆停放地点、停车费用、上班时制等。

表 4 - 11　　　　　　　　　　通勤出行特性资料统计分析

项目		样本数	百分比（%）
上下班途中停靠	0 次	154	62.3
	1 次	32	13.0
	2 次及以上	61	24.7

续表

项目		样本数	百分比（%）
步行至停车地点	0～5 分钟	26	10.5
	5～10 分钟	138	55.8
	10 分钟以上	83	33.5
车内时间	20 分钟以内	89	36.0
	21～40 分钟	124	50.2
	41 分钟以上	34	13.8
平均车内时间（分钟）		30.9	
找停车位时间	0 分钟（无须寻找）	68	27.5
	0～5 分钟	110	44.6
	6 分钟以上	69	27.9
平均寻找停车位时间		6.7	
总出行时间	25 分钟以内	49	19.8
	25～45 分钟	97	39.3
	45 分钟以上	101	40.9
平均总出行时间（分钟）		44	
总出行时间	固定工作制	206	83.4
	弹性工作制	41	16.6
停放地点	建筑物配建停车场	108	43.7
	路外公共停车场	53	21.3
	路边停车位	48	19.3
	其他停车地点	38	15.7
停车费用支付	免费	138	55.8
	需付费	109	44.2

　　统计资料显示，上下班途中需做一次及以上停靠者，占 37.7%，而上下班途中"无须"停靠的比例为 62.3%；步行至停车处的时间在 5 分钟以内者占 10.5%，5～10 分钟者占 55.8%，10 分钟以上者占 33.5%；车上时间大多介于 20 分钟以内与 21～40 分钟，分别占 36% 与 50.2%，平均

约为30.9分钟;有27.5%的受访者不需寻找停车位,44.6%的受访者可在5分钟以内的时间找到停车位,平均需要6.7分钟的寻泊时间;在总出行时间的部分主要集中在25~45分钟(39.3%)及45分钟以上(40.9%),平均出行时间约为44分钟。在工作时制方面,有83.4%的受访者的工作时制为固定制(指上下班时间固定,如朝八晚五)。

关于停车的部分,在统计中发现受访者的车辆停放位置有43.7%停放在建筑物附属停车场;其次为路外公共停车场,占21.3%;另外路边停车位占19.3%。而停车费用的部分则发现受访者中有44.2%受访者在工作地点需支付停车费用。仍有多数私家车使用者不需支付停车费用,因此实行收取停车费用的政策用以抑制私家车的使用以及反映合理的使用成本是可行的政策,本书也针对该政策对于私家车通勤者交通工具转移行为进行相关研究。

3. 公共交通工具服务质量分析

(1)公共交通工具服务质量的基本统计分析。

在服务质量方面,本章节依据前人的研究将公共交通工具的服务质量评价体系设定为:可靠性、舒适性、安全性以及便捷性四个类别,共13个题项,由受访者根据自身经验感受,分别针对轨道交通以及公交车进行各项目的评分,评分范围由1~5分,经资料整理后列出各交通工具的平均得分、方差、排序以及 t 检验,见表4-12。

表4-12　　　　　公共交通工具服务质量的基本统计分析

公共交通工具			轨道交通工具			公交车			
因素	编号	服务质量	得分	标准差	排序	得分	标准差	排序	T检验
可靠性	X1	到达时间准确性	3.71	0.60	1	2.88	0.61	8	***
	X2	班次数量	3.48	0.54	5	2.86	0.58	10	***
	X3	等车时间长短	3.41	0.56	8	2.76	0.60	11	***
舒适性	X4	车内空气质量	3.41	0.53	8	2.96	0.54	3	***
	X5	行驶中平稳	3.42	0.63	7	2.88	0.62	8	***
	X6	车内清洁卫生	3.50	0.53	4	2.90	0.52	6	***

续表

公共交通工具			轨道交通工具			公交车			
因素	编号	服务质量	得分	标准差	排序	得分	标准差	排序	T 检验
安全性	X7	车内安全	3.59	0.52	2	2.89	0.68	7	***
	X8	上下车安全	3.48	0.54	5	3.07	0.58	1	***
	X9	站点的安全性	3.54	0.52	3	3.04	0.50	2	***
便捷性	X10	步行距离	3.18	0.55	11	2.96	0.48	3	***
	X11	携带物品方便	3.02	0.59	13	2.73	0.53	12	***
	X12	老幼随行方便	3.08	0.56	12	2.68	0.68	13	***
	X13	换乘方便	3.19	0.77	10	2.92	0.56	5	***

注："交通工具服务质量"有 5 个等级，1 = 非常不满意，5 = 非常满意。***：95% 的信赖水平下，t 值的绝对值大于 1.96 表示有显著差异。

通过公共交通工具服务质量项目评分的分析可知，出行者对于轨道交通的"到达时间的准确性""等车时间长短""班次数量"给予最高的评价，即对于轨道交通的可靠性的满意度最高。而"老人儿童随行方便"为评价最低，同时步行距离、携带物品方便以及换乘的评分均值排序靠后，说明出行者对轨道交通的便捷性满意度低。反观公交车的服务属性中则以"步行距离"为最高评价，另外"舒适性"方面是评价最低的。造成这种评价上的差异最主要在于公交车服务范围的普及性极高，而轨道交通系统一方面还有部分地区仍未开通，另一方面则因其造价太高，营运路线无法如公交车一样普及。然而在其他的服务属性上则可看出受访者对于轨道交通系统的评价为正向的认同，且大都高于对公交车的评价。而公交车的服务属性除"步行距离"外都是"不及格"的评价（平均值小于3），另外由两样本平均数差异的 t 检验可知，受访者对于轨道交通以及公交车两交通工具的各项服务质量的感受有显著性差异，反映出轨道交通系统的服务质量都高于公交车系统（除"便捷性"为负向关系外），由此可知，公交车系统的服务仍有大幅提升的空间。此外，"老人、儿童随行方便性""携带物品的方便性"以及"车内空气质量及卫生条件"对于公交车与轨道交通系统而言都得到偏低的评价，然而这些都是目前公共交通系统所无法立即改善的缺点。

（2）公共交通工具服务质量的验证性因素分析。

假设公共交通工具的服务质量受公交工具自身的可靠性、舒适性、安全性以及便捷性等潜在变量的影响，并且设定潜变量与潜变量间具有相关性。由观测变量（显变量）可测量出潜变量与误差变量等数值。具体结构模型见图4－3。

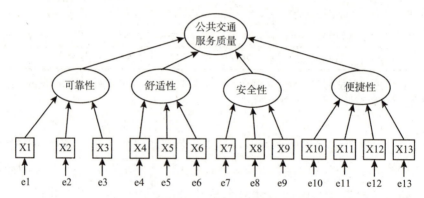

图4－3　公共交通工具服务质量的验证性因子分析模型

①信效度分析。

在探讨模型适配度前，本书先通过模型信度与效度的分析，了解模型内在的关系。信度是指受测者在相同条件下，不同时间实行同一种测验都能获得相同结果，其包括了测量的稳定性与一致性，信度的界定基本上是建立在研究或测验一个量化分数的方差理论为基础，其定义为欲测量分数方差占实际测量分数方差数的比率，因此有良好信度的衡量工具便具备高度的正确性或精确性。

克林（Kline，1998）提出一个粗略的判断原则：信度系数0.9以上是优秀的；0.8左右是非常好；0.7则是适中；0.5以上可以接受。研究中采用Cronbach α 系数来进行问卷信度分析，针对潜变量的内容一致性进行检验，而研究分析的潜变量包括公共交通工具的可靠性、安全性、便捷性以及舒适性四个。问卷量表的潜变量的信度系数如表4－13所示，公交车的构面信度系数分别为可靠性 0.6536、舒适性 0.583、安全性 0.7581、便捷性 0.6324，四个构面的信度都大于 0.5，轨道交通的构面信度系数分别为可靠性 0.7431、舒适性 0.6648、安全性 0.6393、便捷性 0.5737，各个构面的信度都大于 0.5，显示本问卷的信度是可以接受的。因此，本问卷用来衡量各潜变量已具有相当程度的精确性与稳定性（见表 4-13）。

表 4-13　　　　　　　　　　调查问卷构面信度分析

潜变量	Cronbach α	
	公交车	轨道交通
可靠性	0.6536	0.7431
安全性	0.7581	0.6393
便捷性	0.6324	0.5737
舒适性	0.5830	0.6648

②验证性因素分析模型验证与适配分析。

本章节通过 SEM 中的验证性因素分析方法来进行模型的验证，试图找出影响公共交通工具服务质量的潜变量。衡量模型中 CFA 分析即是确认所调查的数据是否能将潜变量精确地衡量出来。本书模型包含四个潜在变量，包括可靠性、安全性、便捷性与舒适性。每个潜变量都有 3~4 个显变量可供衡量，CFA 分析结果如表 4-14 所示。

表 4-14　　　　　　　　整体模型验证性因素分析结果

指标名称		适配标准或临界值	因素检验结果	模型适配度评估
绝对适配指标	χ^2	越小越好，其 P 值至少大于 0.05 显著水平	12.958 $df=59$ $P=0.237$	好
	GFI	大于 0.9，越接近 1 模型适配性越好	0.958	好
	AGFI	大于 0.9，越接近 1 模型适配性越好	0.923	好
	RMR	该值应低于 0.05，越小越好	0.035	好
	RMSEA	0.05 以下优秀，0.05~0.08 良好	0.073	良好

续表

指标名称		适配标准或临界值	因素检验结果	模型适配度评估
增值适配指标	NFI	大于0.9，越接近1，适配性越好	0.935	好
	TLI	大于0.9，越接近1，适配性越好	0.968	好
	IFI	大于0.9，越接近1，适配性越好	0.989	好
	CFI	大于0.9，越接近1，适配性越好	0.979	好

由分析结果可知，衡量模型的 χ^2（$df=59$，$N=764$）$=12.958$，$P=0.237>0.05$，表示理论模型与观察所得数据适配。然而卡方值易受到样本数影响，因此，评价模型整体的适配度宜参照多种指标来做判断。其中衡量模型的绝对适配指标有 GFI 值为 0.918、AGFI 值为 0.958、RMR 值为 0.035、RMSEA 值为 0.009、CFI 值为 0.948，上述六个指标均符合模型适配水平，表示模型适配评估为优秀。增值式适配指标显示 NFI 为 0.935，TLI 为 0.998，IFI 为 0.999，CFI 为 0.999，各项指标结果均大于 0.9，显示虚无模型与观察数据之间是配适的，模型适配评估为优秀。至于精简适配指针为两两模型间比较使用，由于本模型并未与其他模型比较，因此仅作为参考列出。

评估效度的方法是采用标准化因素负荷量作为评估的指标，表 4-15 和表 4-16 为标准化因素负荷量检验结果，安德森等（Anderson et al.，1988）认为显变量的 P 值需达显著水平，且要求其标准因素负荷量要在 0.5 以上。由表中的 P 值来看，所有衡量变量的标准化因素负荷量都达到显著水平，即与 0 有显著差异。而各衡量变量的标准化因素负荷量皆大于 0.5。至于方差萃取估计量部分，可靠性构面、安全性构面、便捷性构面与舒适性构面大于 0.5，显示各个构面的效度良好，是可以接受的结果。

表 4 – 15　　　　　　　　整体衡量模型特性分析（公交车）

	构面	指标	标准化因素负荷量	P-Value	变异萃取估计值
公交车	可靠性	X1	0.86	***	0.590
		X2	0.73	***	
		X3	0.69	***	
	舒适性	X4	0.60	***	0.588
		X5	0.87	***	
		X6	0.68	***	
	安全性	X7	0.73	***	0.619
		X8	0.84	***	
		X9	0.75	***	
	便捷性	X10	0.67	***	0.526
		X11	0.59	***	
		X12	0.71	***	
		X13	0.64	***	

注：*** 表示 t 检验显著性水平 $P < 0.001$。

表 4 – 16　　　　　　　　整体衡量模型特性分析（轨道交通）

	构面	指标	标准化因素负荷量	P-Value	变异萃取估计值
轨道交通	可靠性	X1	0.72	***	0.631
		X2	0.74	***	
		X3	0.69	***	
	舒适性	X4	0.84	***	0.683
		X5	0.69	***	
		X6	0.71	***	
	安全性	X7	0.89	***	0.597
		X8	0.76	***	
		X9	0.63	***	

构面	指标	标准化因素负荷量	P-Value	变异萃取估计值
轨道交通 便捷性	X10	0.71	***	0.611
	X11	0.75	***	
	X12	0.69	***	
	X13	0.62	***	

注：*** 表示 t 检验显著性水平 $P < 0.001$。

第三节 Logit 模型估计结果

本部分研究的主要目的是探讨"停车收费"政策对于私家车通勤者交通工具选择行为的研究。主要以常用的多元 Logit 模型建立通勤者"出行方式选择行为模型"，再建立混合 Logit（MXL），用以探讨个体差异性以及方案差异性对于私家车通勤者交通工具选择的影响。由于影响出行者交通工具选择的因素除了一般社会经济特性与出行特性外，近年来有许多研究者对于"交通工具服务质量"与出行者选择行为关系进行研究。因此本书在模型估计部分，将探讨"公共交通工具服务质量"对于出行者交通工具选择的影响。此外，针对增加停车费用对于通勤者交通工具选择的影响进行弹性分析以及政策分析。

一、变量说明

模型中所选取的解释变量，依照其设定的方式分为四种类型，说明如下：

1. 共有变量（generic variable）

设定于所有替代方案的效用函数中的变量，称为共有变量。由于假设该变量在不同的替代方案中的边际效应都相同，因此，该变量在每一个替代方案的效用函数中的系数估计值都相同。

2. 替代方案特有变量（alternative specific variable）

仅设定于某一特定方案的效用函数中的变量，称为替代方案特有变量。由于假设此变量在不同替代方案中的边际效用不相同，因此，该变量在其他的替代方案中的系数估计值均为零。

3. 替代方案常数项（alternative specific constants）

常数项的目的在于吸收并表达其他变量所无法完全表示出来的差异。当该变量存在时，则对该替代方案而言其值为 1，对于其余替选方案则为 0。若有 n 个替代方案时，则至多可设定 $n-1$ 个方案常数项。

4. 个人属性的特有变量

对于同一个体而言，在不同替代方案中的社会、经济属性均相同，因此，如果将个人属性设定为共有变量，则无法显示出社会、经济变量对于选择行为的影响。由此可知，探讨此类变量需将其设定为替代方案特有变量。

本书中各模型所选取的变量，包括个人属性变量、出行特性变量、交通工具属性变量以及交通工具服务质量三种。通过上述的变量设定的方式，下列将说明各种变量的从属变量，以及其变量设定类型。

（1）个人属性变量（皆为方案特有变量）。

①性别：受访者为男性其值为 1，女性则为 0。

②年龄：受访者年龄在 30 岁以下为 1，31～40 岁为 2，41 岁以上为 3。

③婚姻状况：已婚者其值为 1，未婚者则为 0。

④职业：职业为商、服务业、金融业者其值为 1，其余为 0。

⑤教育程度：受访者的教育程度，其值由 1 到 4，依次为高中（职）以下、专科、大学以及研究生及以上。

⑥收入：受访者的年收入，其值由 1 到 5 依次为 3 万元以下、3 万～5 万元、5 万～8 万元、8 万～12 万元以及 12 万元以上。

⑦居住地点：受访者的住处位于大连市内四区者其值为 1，其余为 0。

（2）出行特性变量。

①"停靠"方案特有变量：受访者在上下班途中需做其他目的（如

购物、接送等）的停靠者其值为1，无须停靠者其值为0。

②"工作时制"方案特有变量：受访者上班规定的时制为固定制者（如朝八晚五）其值为1，其余为非固定制者（如弹性工作制、倒班制等）其值为0。

（3）交通工具属性变量。

①"出行时间"共有变量：为受访者由住处到工作地点，选择不同交通工具所需的总出行时间，应用于出行方式选择模型中的变量，假定通勤者对于不同交通工具的出行时间评价都相同，因此，在本书中使用私家车的总出行时间为住处到停车处的出行时间、主交通工具（汽车）的行程时间、寻找停车位的时间以及从停车处到工作地点的出行时间的总和；公共交通（轨道交通与公交车）的总出行时间则包括居住地至公交站点的步行时间、主交通工具（公交车或轨道交通）的行程时间、公交站点至工作单位的步行时间。单位：分钟。

②"出行成本"共有变量：为受访者由住处到工作地点，选择不同交通工具所需支出的出行成本，应用于出行方式选择模型中的变量。在此定义私家车的出行成本为出行者每日所需支付的停车费用；公共交通（轨道交通与公交车）的出行成本则为问卷设计中所提供的票价。单位：元。

③"步行时间"共有变量：受访者选择不同交通工具时会产生相应的步行时间，例如从居住地步行至停车地点或公交站点的时间。在调查问卷中公用交通工具的步行时间为两段，分别连接出行的起点与终点；驾车出行的步行时间设定为一段，为工作地停车设施至工作地的步行时间，在此忽略出行起点处的步行时间。单位：分钟。

④"寻泊时间"特有变量：受访者选择驾车出行会产生停车泊位的搜寻时间，单位：分钟。

⑤"车内时间"共有变量：受访者选择不同的交通工具会产生相应的乘车时间，由于问卷中设定轨道交通工具的乘车时间为常亮，因此，只考虑公交车与私家车出行中乘车时间的变化对选择交通工具的影响。

（4）公共交通服务质量。

本书分别针对轨道交通与公交车两交通工具的服务质量，以量表方式进行资料收集，因此，该类变量依据其数据源隶属于不同交通工具（轨道交通或公交车）的方案特有变量。本书利用验证性因子分析将 13 个服务质量的测量指标归纳为 4 个潜变量，依据每个受访者的 5 级李克特量表的打分，计算每个潜变量的平均分，同时引入 2 个虚拟变量来表达各个潜变量的代入模型的形式（亨舍等人，2002）。具体如下：平均分在 1 ~ 2.49 分，表示认为该潜变量（非常）不满意，记为（0，0）；平均分在 2.50 ~ 3.49 分，表示认为该潜变量不好不坏，记为（0，1）；平均分在 3.50 ~ 5 分表示对该潜变量感到（非常）满意，记为（1，0）。

二、多元 Logit 模型估计结果

通勤者的出行方式选择行为模型中，首先以多元 Logit 模型为基础，分析通勤者的交通工具选择行为，并对模型估计结果进行说明。本书采用 stata 软件用以估计多元 Logit 模型的参数。表 4 - 17 显示了私家车通勤者的多元 Logit 模型估计结果，其中，模型 1 为一般属性的估计结果（包括共有变量、出行特性与交通工具属性变量）；模型 2 为加入交通工具服务质量变量的估计结果。

表 4 - 17　　　　　　　　　通勤者的多元 Logit 模型估计结果

解释变量		模型 1		模型 2	
		系数值	t 值	系数值	t 值
共有变量	出行费用	- 0.081	- 4.10	- 0.087	- 4.15
	步行时间	- 0.045	- 4.29	- 0.051	- 4.33
	车内时间	- 0.060	- 5.40	- 0.068	- 5.42
	寻泊时间	- 0.125	- 2.89	- 0.129	3.73

解释变量		模型 1		模型 2	
		系数值	t 值	系数值	t 值
个人属性	公交车				
	常数项	1.825	4.020	1.603	2.73
	婚否	−0.546	−2.140	−0.813	−2.39
	收入	−0.681	−5.840	−0.802	−5.13
	停靠	−0.594	−2.530	−0.459	−2.35
	可靠性 – 满意	—	—	1.699	3.33
	便捷性 – 普通	—	—	−0.788	−2.24
	私家车	(base alternative)			
	轨道				
	常数项	1.975	4.900	−1.475	−1.73
	性别	0.422	2.240	0.827	3.73
	收入	−0.827	−8.340	−0.856	−6.98
	停靠	−0.693	−3.600	−0.562	−2.41
	可靠性 – 满意	—	—	1.097	1.95
	舒适性 – 满意	—	—	3.125	2.79
	舒适性 – 普通	—	—	2.723	2.46
	便捷性 – 满意	—	—	0.751	2.1
LL (β)		−312.176		−288.280	
LL (0)		−432.853		−432.853	
似然比指标 ($\rho2$)		0.279		0.334	
Hit ratio		0.694		0.764	
样本数		741		741	

　　研究以私家车通勤作为基础方案，故此方案的方案常数项与个人属性变量皆为零。估计结果中发现，在共有变量的部分，出行成本为影响通勤者选择交通工具的主要因素，当所需支付的成本越多时则越不会选择该交通工具；同时，车内时间与步行时间的影响也十分显著，从系数符号上可

以看出，时间越长，通勤者越不会选择该种交通工具，显示交通工具的快捷性与可达性对于通勤者选择交通工具而言相当具有影响力，因此，构建完善的公共交通路网将能吸引私人交通工具通勤者转移至公共交通工具。另外，私家车的寻泊时间越长，出行者选择公共交通工具的意愿越强烈。

在个人属性中，婚姻状况与收入会影响通勤者对于公交车的选择，而性别与收入则会影响通勤者对于轨道交通的选择。其中，婚姻变量所得到的参数，显示出男性的私家车通勤者比女性更加接受轨道交通工具，可能的原因是使用汽车的女性通勤者对于交通工具的舒适性要求更高，一般来说，公交车的舒适度较低，因此女性较不接受公交车，同时，已婚的私家车通勤者比未婚者更加倾向于驾车出行。在个人收入的部分，收入越高者接受公共交通工具的概率越低，显示收入高者对于交通工具的要求较高，因此选择公交车的意愿低。此外，上下班途中进行其他目的的停靠（如接送、购物等）的驾车通勤者对轨道交通和公交车的接受度低。

在服务质量虚拟变量中，显示出对于轨道交通的可靠性、舒适性、便捷性等服务质量感到满意以及舒适性感到普通的通勤者，相较于感受较不满意的通勤者选择轨道交通的意愿较高。对于公交车的可靠性感到满意，便捷性感到普通的私家车通勤者，相较于感受较不满意的通勤者选择公交车的意愿较高。上述的结果显示出公共交通工具的可靠性、安全性、舒适性以及便捷性等服务质量类型对于私家车通勤者选择公共交通工具的看法与影响。

由表 4 – 17 中数据可知，未加入虚拟变量的模型 1、加入服务质量变量后的模型 2 的概似比指标（likelihood ratio index），ρ^2，介于 0.2 ~ 0.4 时，表示具有不错的配适度（王庆瑞，1996）；参数的显著性则可用 t 统计量检验（95% 置信水平下，$t > 1.96$；90% 置信水平下，$t > 1.645$；80% 置信水平下，$t > 1.282$）。由于两个模型之间所共享的解释变量并不一致（有些变量仅存在一模型中，也有些变量仅存在于另一模型中），即无受限制模型（restricted model），因此需进一步通过非巢式概似比检验（non-nested likelihood ration test）（麦克法登，2000），用以检验两模型之间的差异程度。显著水平为 0.05 的情况下，解释能力模型 2 好于模型 1。

表示加入服务质量后对于私家车通勤者交通工具选择模型具有较高的解释能力。另外，令样本总数为 M，将系数估计值 β_k' 及调研数据 X_{ink} 代入 Logit 模型，得到所有样本的选择概率 $P_n(i)$，当实际选择结果与预测结果相同时，$S_k^n = 1$，否则 $S_k^n = 0$，则命中率计算公式为：$Hitratio = \dfrac{1}{J_n M} \sum\limits_{n=1}^{M} \sum\limits_{k=1}^{J_n} S_k^n$。经计算，模型 1 的命中率为 0.694，模型 2 的命中率为 0.764，表明加入服务质量虚拟变量后，能够更好地解释通勤者的出行选择行为。

三、敏感性分析

为了解出行成本的变化对于私家车通勤者交通工具转移行为的影响，通过敏感性分析可以了解方案属性的改变对于方案选择概率的影响，其形式可分为两种，一种为直接弹性，另一种为交叉弹性。对于 Logit 模型而言，其直接弹性与交叉弹性的数学表示式分别表示如下：

$$E_{ink}^{P_i(n)} = \frac{\partial P_i(n)}{\partial x_{ink}} \cdot \frac{x_{ink}}{P_i(n)} = \frac{\partial \ln P_i(n)}{\partial \ln x_{ink}} = [1 - P_i(n)] x_{ink} \beta_k \qquad (4-5)$$

$$E_{ink}^{P_i(n)} = \frac{\partial \ln P_i(n)}{\partial \ln x_{ijk}} = -P_i(j) x_{ijk} \beta_k, \quad \text{当 } j \neq i \qquad (4-6)$$

表 4-18 为出行成本变动下，汽车通勤者的直接弹性与交叉弹性值。表中数据的对角线数值代表替代方案的直接弹性值，其余则为两方案间的交叉弹性值。所得结果皆显示，当某交通工具的出行成本增加时，则选择该交通工具的概率会降低（直接弹性为负值），而其余交通工具被选取的概率则相对增加（交叉弹性为正值）。由汽车通勤者的直接弹性值可知，公共交通工具票价的变动（增加1%）对于通勤者选择公共交通工具的影响力并不高（皆小于0.1%），反观汽车的出行成本增加1%下，通勤者选择汽车的概率会降低0.227%。此外，再由交叉弹性的值可知，增加汽车通勤者所需的出行成本对于汽车通勤者选择公共交通工具的影响较减少公共交通工具的票价所带来的影响为大，该结果表示，通过增加汽车通勤者所需的出行成本能够降低私家车的使用并增加公共交通工具的使用率。因

此，若能将所征收的停车费用用于补助公共交通工具的票价，对于降低私家车的使用与鼓励公共交通工具的选择有较大助益。

表 4 - 18 出行成本变动下的直接弹性与交叉弹性

交通工具	汽车	公交车	轨道交通
汽车	- 0.227	0.125	0.125
公交车	0.002	- 0.041	0.002
轨道交通	0.036	0.036	- 0.031

本 章 小 结

（1）本书选定于大连市中心城区工作的私家车通勤者为研究对象，通过邮寄与面访两种形式以问卷方式调查私家车通勤者转移至公共交通工具的选择行为。有效问卷合计 197 份。统计分析结果如下：

受访者中有 40% 的通勤者并非居住于大连市城四区，显示每日通勤出行有相当大量的私家车由外围进入大连市中心城区，使得狭小的大连市道路更加拥挤。因此，抑制私家车的使用是重要的政策方向。

停车费用的调查中更显示 56% 的私家车通勤者不需支付停车费用，该结果显示私家车的使用并未支付相当程度的使用成本，大连市所能提供的停车空间有限，因此，增加、征收停车费用是可使用的政策。

通过交通工具服务质量的统计分析可知，受访者对于轨道交通的评价高于公交车，显示公交车的服务仍有大幅改善的空间。而影响私家车通勤者不选择公交车的主要原因包括"可靠性""舒适性"与"便捷性"三个类型，因此，若能提升这三类的服务质量对于吸引私家车通勤者将具有一定的成效；影响私家车通勤者不选择轨道交通的主要原因在于"便捷性"，增设轨道交通线路及班次将吸引更多的私家车主改乘轨道交通。

（2）交通工具选择模型的估计结果显示，纳入交通工具服务质量的模式，在统计上较未加入者有显著的差异，且模型的概似值与概似比指标

（ρ^2）均较佳，因此加入交通工具服务质量虚拟变量可使模型的解释能力增加。

（3）由虚拟变量估计结果可知，与"可靠性""舒适性"与"便捷性"有关的服务质量对于通勤者选择行为有所影响，而属于公交车的虚拟变量的系数值普遍高于轨道交通，由此可知，提升公交车的服务质量能有效提高通勤者对于公交车的接受度，也显示公交车的服务质量仍有改善的空间。

（4）模型分析结果显示，对于私家车通勤者而言，公交车与轨道交通可视为同一类型的交通工具（公共交通工具）。由校估结果显示，社会经济特性（如婚姻、年龄、收入等）以及出行特性（如出行费用、步行时间、车内时间、寻泊时间、上下班途中停靠）对于通勤者选择交通工具有相当显著的影响。

（5）敏感性分析结果表示，通过增加汽车通勤者所需的出行成本能够降低私家车的使用并增加公共交通工具的使用率。因此，若能将所征收的停车费用用于补助公共交通工具的票价，对于降低私家车的使用与鼓励公共交通工具的选择有较大助益。

第五章

通勤者出行方式转移行为分析

第四章所介绍的出行方式选择行为模型，是通勤者同时面对两种以上可使用的交通工具时，所进行的选择决策行为，以对其而言效用最大化选择为依据，仅能选择其中一种交通工具。而本章所要介绍的出行方式转移模型，是用以了解通勤者在面对与原使用交通工具不同的交通工具时，是否会转移至其他交通工具，在本书的模型中以有限理性作为分析依据。

研究发现消费者在进行消费行为时，受到自身与选择对象及外界环境的条件限制，不可能做到完全理性的选择，而是做出有限理性的选择。所谓有限理性（bounded rationality）的观点最早于 1957 年由西蒙（1978 年诺贝尔经济学奖得主）所提出。根据 Simon 的解释（Simon，1955，1956），有限理性（bounded rationality）一是指行为者具有理性意向，二是指其理性会受到实际智慧的限制。简而言之，个体由于自身的经验、阅历、知识水平、技能等的限制，使得其作出决策（选择）时往往处于一种并不完全理性的预期中，个体所表现的是有限理性的行为，所做的是满意决策，而非最佳决策。换句话说，人们的决策或预期不可能做到面面俱到的完全理性。

在以往有关个体选择，即选择行为的研究，大多以效用最大为理论基础进行分析，然而，该理论意味着个体的选择是完全理性的最佳决策。由上述可知，个体的选择行为受到自身与外在环境、信息等限制的影响，无法做到所谓的完全理性的决策行为。因此，通过有限理性的观点构建个体选择行为模型是合理的。而近年来有限理性观点已通过马赫马萨尼及其共同工作者们将其应用于探讨城市中心区通勤者每日动态出发时间与路径选择的研究上（Mahmassani，1987，1988，1990，1991，1998，1999）。本书将依循并应用此模型来探讨通勤者由私家车转移至公共交通工具的行为。以下将介绍如何将有限理性法则应用于交通工具转移行为模型中。

第一节　模型推导

简单来说，以本书为例，当一位使用私家车的通勤者面对两种可供替代的交通工具（公交车与轨道交通）时，心里有着不同的衡量标准，用以衡量着是否会选择其中一种交通工具或都选择或都不选择。衡量标准与通勤者的个人属性以及对于交通工具的主观感受有关。而当交通工具所能提供的效用大于所定义的标准时，通勤者将转移至此替代交通工具；反之，若低于所定义的标准，则仍使用原交通工具。在本书中，"标准"即为交通工具无差异带（indifference band for mode，IBM），而交通工具所提供的效用则定义为一般化出行成本的节约量（generalize travel cost saving，GTS）。

一、多项 Probit 模型

假设某种交通工具给通勤者带来的效用值 U 是服从多变量正态分布的随机变量。因此，适用多项 Probit 模型。该模型不同于多元 Logit 模型，无须进行 IIA 的假设，除了允许方案之间具有相关性之外，也可以进行差异性分析。

1. 选择概率形式

多项 Probit 模型是由个体选择模型中，有关消费者行为领域所推导而来的理论。其效用函数中（如式（5-1）所示）的误差项 ε_n 为的多变量正态分布（$\varepsilon_n' = (\varepsilon_{n1}, \cdots, \varepsilon_{nJ})$），其均值为 0 且方差与协方差矩阵（variance-covariance metrix）为 $\sum U$。ε_n 的密度函数表示如下：

$$\phi(\varepsilon_n) = \frac{1}{(2\pi)^{\frac{J}{2}}\left|\sum_U\right|^{\frac{1}{2}}}e^{-\frac{1}{2}\varepsilon_n'\sum_U^{-1}\varepsilon^n} \tag{5-1}$$

又因为决策者是以选择对其而言效用最大的方案为选择机制，因此，决策者 n 选择方案 i 的概率可表示如下：

$$P_n(i) = Prob(V_{ni} + \varepsilon_{ni} > V_{nj} + \varepsilon_{nj}, \forall j \neq i)$$

$$= \int I(V_{ni} + \varepsilon_{ni} > V_{nj} + \varepsilon_{nj}, \forall j \neq i)\phi(\varepsilon_n)\mathrm{d}\varepsilon_n$$

$$= \int_{\varepsilon_n \in B_{ni}} \phi(\varepsilon_n)\mathrm{d}\varepsilon_n \tag{5-2}$$

其中，$I(\cdot)$ 表示括号中的描述是否成立，而 $B_{ni} = \{\varepsilon_n, s.t. V_{ni} + \varepsilon_{ni} > V_{nj} + \varepsilon_{nj}, j \neq i\}$，并对所有 ε_n 数值进行积分。由此可知，$P_n(i)$ 是一个开放式的多重积分，无法得到解析解，必须通过模拟（simulation）的数值分析方法进行估算。

2. 方案相关性

MNP 的效用函数中，存在一个呈正态分布的误差项 ε_n，（$\varepsilon_n' = (\varepsilon_{n1}, \cdots, \varepsilon_{nJ})$），其均值为 0，方差与协方差矩阵为 $\sum_U$。假设有一个二元选择，式（5-3）分别为决策者 n 选择方案一与方案二的效用函数，其中 ε_{1n} 与 ε_{2n} 皆为均值为 0 的正态分布，其方差（variance）分别为 σ_1^2 以及 σ_2^2，并定义两误差项（方案）之间存在协方差为，$Cov(\varepsilon_{n1}, \varepsilon_{n2}) = E(\varepsilon_{n1}, \varepsilon_{n2}) = \gamma$。因此，方差与协方差矩阵 $\sum_U$ 可用式（5-4）表示。

$$U_{n1} = bx_{n1} + \varepsilon_{n1}$$

$$U_{n2} = bx_{n2} + \varepsilon_{n2} \tag{5-3}$$

$$\sum_U = \begin{bmatrix} \sigma_1^2 & \gamma \\ \gamma & \sigma_2^2 \end{bmatrix} \tag{5-4}$$

由此可知，方案间的相关性是由误差项之间的相关性产生，若 ε_{1n} 与 ε_{2n} 为具有相同的方差（$\sigma_1^2 = \sigma_2^2$）且假设两误差项之间并无相关性存在（0），即为 Logit 模型中方案间相互独立且不相关的 IIA 假设。而 $\sum_U$ 中的 σ_1^2、σ_2^2 以及 γ，则需要通过模型估计程序获得。

3. 品味差异（taste variation）

在大部分选择模型中，都假设参数系数值为一个定值，即所有受访者集合中对于同一属性的偏好程度是相同的，然而，该假设并不完全符合实际选择模型。在 Probit 模型中，可通过随机系数来表达个体之间的品味差异以解决该问题。最早是由豪斯曼和怀斯（Hausman & Wise，1978）将随机系数概念应用于 MNP 模型中。假设选择模型的效用函数中的参数间为线性关系，而对于每个决策者而言，参数的系数值呈现随机状态而非定值。以式（5-5）为例，β_n 表示出行决策者 n 对于属性 x_{ni} 的系数值。其中，β_n 为平均值 b_k 且方差为 σ_β^2 的正态分布，$\beta_n = b_k + \beta'_n$，其中，β'_n 为均值为 0 且方差为 σ_β^2 的正态分布。

$$U_{ni} = \beta_n x_{ni} + \varepsilon_{ni} = b_k x_{ni} + \beta'_n x_{ni} + \varepsilon_{ni} \qquad (5-5)$$

$$U_{n1} = \beta_n x_{n1} + \varepsilon_{n1} = b_k x_{n1} + \beta'_n x_{n1} + \varepsilon_{n1} = b_k x_{n1} + \eta_{n1}$$

$$U_{n2} = \beta_n x_{n2} + \varepsilon_{n2} = b_k x_{n2} + \beta'_n x_{n2} + \varepsilon_{n2} = b_k x_{n2} + \eta_{n2} \qquad (5-6)$$

由 β'_n 的分布形式可知，所有决策者对于同一属性 x_{ni} 的偏好程度，受到随机分布的影响而有所不同，进而表达出个体之间的品味差异。而该随机变量也将影响原模型结构的方差与协方差矩阵。以二元选择为例，式（5-6）中，$\beta'_n x_{ni} + \varepsilon_{ni} = \eta_{ni}$，即 η_{n1} 与 η_{n2} 为联合正态分布，它们的均值都是 0（$(E(\eta_{ni}) = E(\eta_{n1}，\eta_{n2}) = 0)$。在方差与协方差矩阵中，方差可表达为 $V(\eta_{ni}) = V(\beta'_n x_{ni} + \varepsilon_{ni}) = x_{ni}^2 \sigma_\beta^2 + \sigma_i$，另设 β'_n 与 ε_{ni} 之间并无关系存在，互为独立，且 ε_{1n} 与 ε_{2n} 之间存在协方差为 γ，由此可知，方案间的协方差 $Cov(\eta_{n1}，\eta_{n2}) = E[(\beta'_n x_{n1} + \varepsilon_{n1})(\beta'_n x_{n2} + \varepsilon_{n2})] = x_{n1} x_{n2} \sigma_\beta^2 + \gamma$。则协方差矩阵如式（5-7）所示。

$$\Omega = \sigma_\beta^2 \begin{bmatrix} x_{n1}^2 & x_{n1} x_{n2} \\ x_{n1} x_{n2} & x_{n2}^2 \end{bmatrix} + \begin{bmatrix} \sigma_1^2 & \gamma \\ \gamma & \sigma_2^2 \end{bmatrix} \qquad (5-7)$$

由上述协方差矩阵中可知，随机系数的标准差以及所对应的参数值将影响方案间的相关性，由上述推导过程可推导在更多随机系数存在的方差与协方差矩阵。而其中 b_k、σ_β^2 以及 σ_1^2、σ_2^2 与则需通过模型估计程序获得。

二、出行方式转移模型推导

本书主要在探讨通勤者从私家车转移到公共交通工具（公交车、地铁或轻轨）的行为，因此在模型中需要定义通勤者在这两大类交通工具之间一般化成本节省的衡量指标。为推导的方便，本书进一步定义以下的变量：

$$TS_{i,m}^k = TT_i^m - TT_i^k$$

$$CS_{i,m}^k = TC_i^m - TC_i^k \qquad (5-8)$$

$$GTS_{i,m}^k = \alpha_m^k TS_{i,m}^k + \beta_m^k CS_{i,m}^k \qquad (5-9)$$

其中：

$TS_{i,m}^k$：通勤者 i 由私家车 m 转移到公共交通工具 k 所节省的出行时间（单位：分钟）；

TT_i^m：通勤者 i 使用私家车 m 的出行时间（单位：分钟）；

TT_i^k：通勤者 i 使用公共交通工具 k 的出行时间（单位：分钟）；

$CS_{i,m}^k$：通勤者 i 由私家车 m 转移到公共交通工具 k 所节省的出行成本（单位：元）；

TC_i^m：通勤者 i 使用私家车 m 的出行成本（单位：元）；

TC_i^k：通勤者 i 使用公共交通工具 k 的出行成本（单位：元）；

$GTS_{i,m}^k$：一般化出行成本的差值，其大小为出行时间的差值与出行成本的差值的加权和。α_m^k 和 β_m^k 为权重。

本书将有限理性的理论应用于出行方式转移模型，其转移机制可描述为：当通勤者一般化出行成本的节省值（$GTS_{i,m}^k$）仍在通勤者的交通工具无差异带（IBM）中时，通勤者 i 则不会更换其原先使用的私家车，其原意整理如式（5-10）所示。

$$\phi_{i,m}^k = -1, \quad 假设 \ \alpha_m^k TS_{i,m}^k + \beta_m^k CS_{i,m}^k \leq IBM_{i,m}^k$$

$$\phi_{i,m}^k = 1, \quad 假设 \ \alpha_m^k TS_{i,m}^k + \beta_m^k CS_{i,m}^k > IBM_{i,m}^k \qquad (5-10)$$

变量 $\phi_{i,m}^k$ 是指交通工具转移的指针变量，当通勤者 i 由私家车 m 转移

至公共交通工具 k，则 $\phi_{i,m}^k = 1$；反之，$\phi_{i,m}^k = -1$。$IBM_{i,m}^k$ 则表示对于通勤者 i 而言，面对不同交通工具转移的无差异带（IBM）。该无差异带为随机变量，其中包括可观察的部分以及不可观察的误差项，如式（5 - 11）所示：

$$IBM_{i,m}^k = g(X_i, Z_{i,m}^k, \theta_{i,m}^k) + \varepsilon_{i,m}^k, \varepsilon_{i,m}^k \sim MVN(0, \sum_{\varepsilon,k}) \quad (5-11)$$

$g(\cdot)$：交通工具转移的无差异带中的可观测部分，系统项。

X_i：通勤者社会、经济特性向量，如：性别、年龄等。

$Z_{i,m}^k$：与方案相关特性向量。

$\theta_{i,m}^k$：待估计的参数向量。

$\varepsilon_{i,m}^k$：误差项，假设变量为正态分布，均值为 0，方差与协方差矩阵为 $\sum_{\varepsilon,k}$。

对于每一个通勤者而言，面对不同的交通工具转移的决策都存在不同的无差异带，该无差异带将随着个人属性以及方案相关特性的不同而有所差异。当私家车通勤者 i 面对另一个可供选择的交通工具 k 的无差异带越大，则表示通勤者 i 越不容易转移至交通工具 k。只要通勤者的一般化出行成本的节省值大于无差异带时，通勤者就会选择转移至另一交通工具 k。

$\sum_{\varepsilon,k}$ 为 $k \times k$ 的方差与协方差矩阵（k 是指通勤者所能选择的公共交通工具的数量，在本书中，$k=2$），此矩阵可考虑同一个通勤者在决定交通工具转移的过程中，对于不同交通工具选择之间的相关性。$\sum_{\varepsilon,k}$ 可表示如式（5 - 12）所示。

$$V(\varepsilon_{i,m}^k) = E[(\varepsilon_{i,m}^B)^2] = \sigma_{m,k}^2$$
$$Cov(\varepsilon_{i,m}^k, \varepsilon_{i,m}^{k'}) = \gamma_m, \ k \neq k' \quad (5-12)$$

式中，m 代表私家车；k 代表公交车、地铁（轻轨）

通勤者交通工具转移模式的无差异带的误差结构可以表示为：

令 $E[(\varepsilon_{i,Auto}^k)^2] = \sigma_1^2$；$E[(\varepsilon_{i,Auto}^T)^2] = \sigma_2^2$；$E(\varepsilon_{i,Auto}^B, \varepsilon_{i,Auto}^T) = E(\varepsilon_{i,Auto}^T, \varepsilon_{i,Auto}^B) = \gamma$

上式，上标中的 B 表示公交车、T 表示轨道交通。

通过上述说明，本书中的 $\sum_{\varepsilon,k}$ 可以用矩阵形式表示，如式（5 – 13）所示：

$$
\sum\nolimits_{Auto} = \begin{array}{c|cc} & \text{公交车} & \text{地铁} \\ \hline \text{公交车} & \sigma_1^2 & \gamma_1 \\ \text{地铁} & \gamma_2 & \sigma_2^2 \end{array} \qquad \text{交通工具} \qquad (5-13)
$$

上述已详细说明所定义的变量以及本书的转移模型结构，以下将依序说明选择概率的形式。对于通勤者 i 而言，转换交通工具状况（从私家车 m 转移到公共交通工具 k）的概率可表示如式（5 – 14）所示：

$$
\begin{aligned}
Pr(\phi_{i,m}^k) &= Pr\big[\,\phi_{i,m}^k(\alpha_m^k TS_{i,m}^k + \beta_m^k CS_{i,m}^k - IBM_{i,m}^k) \geq 0\,\big] \\
&= Pr\big[\,\phi_{i,m}^k \varepsilon_{i,m}^k \leq \phi_{i,m}^k(\alpha_m^k TS_{i,m}^k + \beta_m^k CS_{i,m}^k - g_k(X_i, Z_{i,m}^k, \theta_{i,m}^k))\,\big]
\end{aligned}
$$

$$(5-14)$$

通勤者 i 转移至两种公共交通工具（公交车以及轨道交通）的决策（$\phi_{i,Auto}^B$, $\phi_{i,Auto}^T$）的概率表示如下：

$$
Pr(\phi_{i,Auto}^B, \phi_{i,Auto}^T) =
$$

$$
Pr\left\{ \begin{array}{l}
\phi_{i,Auto}^B \varepsilon_{i,Auto}^B \leq \phi_{i,Auto}^B\big[\,\alpha_{Auto}^B TS_{i,Auto}^B + \beta_{Auto}^B CS_{i,Auto}^B - g_B(X_i, Z_{i,Auto}^B, \theta_{i,Auto}^B)\,\big] \\
\phi_{i,Auto}^T \varepsilon_{i,Auto}^T \leq \phi_{i,Auto}^T\big[\,\alpha_{Auto}^T TS_{i,Auto}^T + \beta_{Auto}^T CS_{i,Auto}^T - g_T(X_i, Z_{i,Auto}^T, \theta_{i,Auto}^T)\,\big]
\end{array} \right\}
$$

$$(5-15)$$

上述是一个个体连续性选择，因此，若直接计算式（5 – 15）的概率值将使运算过程十分烦琐且无效率，达甘做（1979）针对以上的缺点提出一种方法，可将个体 n 次连续性的选择，由 2^n 个替代方案，转换为从 $n+1$ 个假设替代方案（其中一个为辅助方案）。在本书中，由该方法可产生 2 + 1 个替代方案，每个方案的效用 u 整理如下所示：

辅助方案：$u_0 = 0$

公交车方案：$u_1 = \phi_{i,Auto}^B\big[g_B(X_i, Z_{i,Auto}^B, \theta_{i,Auto}^B) - \alpha_{Auto}^B TS_{i,Auto}^B - \beta_{Auto}^B CS_{Auto}^B + \varepsilon_{Auto}^B\big]$

轨道交通方案：$u_2 = \phi_{i,Auto}^T\big[g_B(X_i, Z_{i,Auto}^T, \theta_{i,Auto}^T) - \alpha_{Auto}^T TS_{i,Auto}^T - \beta_{Auto}^T CS_{Auto}^T + \varepsilon_{Auto}^T\big]$

由式（5 – 15）与效用函数可知，效用 u_1 以及 u_2 都小于 0，即从汽车转移到公交车以及轨道交通两方案的效用皆小于辅助方案，因此，在方案的选择上均选择辅助方案。即，可视两种决定的联合概率 $Pr(\phi_{i,Auto}^{B}, \phi_{i,Auto}^{T})$，等同于选择辅助方案的概率，$P_0$：

$$P_0 = Pr\{\varphi_{i,Auto}^{B}[IBM_{i,Auto}^{B} - GTS_{i,Auto}^{B}] \leq 0 \, \text{and} \, \varphi_{i,Auto}^{T}[IBM_{i,Auto}^{T} - GTS_{i,Auto}^{T}] \leq 0\}$$

$$(5-16)$$

效用 u 为多变量正态分布（$MVN(V, \sum_u)$）的随机变量。为求得效用 u 的方差与协方差矩阵，$\sum_u$，误差项可以被认为是单独存在的方案中的特别参数，且变量可在不影响主要部分的情况下略去。因此，交通工具转移的无差异带的表示可改写如下：

$$IBM_{i,m}^{k} = g'(X_i, \ Z_{i,m}^{k}, \ \theta_{i,m}^{k}) \qquad (5-17)$$

其中：

$$g'(X_i, \ Z_{i,m}^{k}, \ \theta_{i,m}^{k}) = g(X_i, \ Z_{i,m}^{k}, \ \theta_{i,m}^{k}) + \varepsilon_{i,m}^{k}$$

$$g'_B(X_i, \ Z_{i,m}^{B}, \ \theta_{i,m}^{B}) = g_B(X_i, \ Z_{i,m}^{B}, \ \theta_{i,m}^{B}) + \varepsilon_{i,m}^{B}$$

$$g'_T(X_i, \ Z_{i,m}^{T}, \ \theta_{i,m}^{T}) = g_T(X_i, \ Z_{i,m}^{T}, \ \theta_{i,m}^{T}) + \varepsilon_{i,m}^{T}$$

上式中，函数 g_B、g'_B 分别是替代方案为公交车的系统项与无差异带，g_T、g'_T 则分别表示替代方案为轨道交通的系统项与无差异带。因此，效用 u 可改写如下：

辅助方案：$u_0 = 0$

公交车：$u_1 = \phi_{i,Auto}^{B}[g'_B(X_i, \ Z_{i,Auto}^{B}, \ \theta_{i,Auto}^{B}) - GTS_{Auto}^{B}]$

轨道交通：$u_2 = \phi_{i,Auto}^{T}[g'_T(X_i, \ Z_{i,Auto}^{T}, \ \theta_{i,Auto}^{T}) - GTS_{Auto}^{B}]$

一般而言，效用 u 与方差与协方差矩阵 $\sum_u$ 可由下式表示：

$$u = \Theta^T[A], \ u \sim MNV[\Theta, \sum_{\theta}] \qquad (5-18)$$

$$\sum_u = [A]^T \sum_{\theta}[A] \qquad (5-19)$$

其中，$u = [u_0, \ u_1, \ u_2]$

$\Theta^T = [1, \ g'_B(X_i, \ Z_{i,Auto}^{B}, \ \theta_{i,Auto}^{B}), \ g'_T(X_i, \ Z_{i,Auto}^{T}, \ \theta_{i,Auto}^{T})]$

$$A = \begin{bmatrix} 0 & -\varphi_{i,Auto}^{B}(GTS_{i,Auto}^{B}) & -\varphi_{i,Auto}^{T}(GTS_{i,Auto}^{T}) \\ 0 & \varphi_{i,Auto}^{B} & 0 \\ 0 & 0 & \varphi_{i,Auto}^{T} \end{bmatrix} \qquad (5-20)$$

$$\sum_{\theta} = \begin{bmatrix} 0 & 0 & 0 \\ 0 & \sigma_1^2 & \gamma_1 \\ 0 & \gamma_1 & \sigma_2^2 \end{bmatrix} \qquad (5-21)$$

通过式（5-21），可得效用 u 的方差与协方差矩阵 $\sum_u$，如式（5-22）所示：

$$\sum_u = \begin{bmatrix} 0 & 0 & 0 \\ 0 & \sigma_1^2 & \phi_{i,Auto}^B \phi_{i,Auto}^T \gamma_1 \\ 0 & \phi_{i,Auto}^B \phi_{i,Auto}^T \gamma_1 & \sigma_2^2 \end{bmatrix} \qquad (5-22)$$

本书是以马赫马萨尼（1999）所发展的 MNP 分析程序，用以估计模型中的参数（包括无差异带中的方差与协方差矩阵中的参数）。

第二节　调查资料统计数据分析

本章所采用的调查方式与第三章一致，在此不再赘述。另外，为保证调研对象的统一性及调研精度，将第四章与第五章的调研问题合并为一张调查问卷，详见附录一。受访者个人信息、出行特性信息、交通工具服务质量在第四章已有说明，此处略去。

一、不使用公共交通工具出行的原因分析

在不使用公共交通工具出行的原因中，本书共设定 9 项常见的因素，由受访者根据自身认知针对各项目进行评分，评分范围由 1~5 分，通过数据整理后列出各交通工具的平均得分、方差以及排序，如表 5-1 所示。

表 5-1　　　　不使用公共交通工具的原因的基本统计分析

代码	不使用的原因	平均得分	方差	排序
Y1	班次太少	3.60	1.02	5
Y2	转乘信息不足	3.46	1.01	6

续表

代码	不使用的原因	平均得分	方差	排序
Y3	不舒适、太挤	3.69	0.96	2
Y4	等车时间过长	3.85	1.05	1
Y5	选择时间过长	3.68	0.99	4
Y6	步行到站牌（车站）距离过远	3.68	1.05	3
Y7	票价太高	3.33	1.08	7
Y8	工作需要	3.32	1.11	8
Y9	接送家人（朋友）	3.11	1.28	9

注："不使用公共交通工具的原因"有 5 个尺度，1 = 非常不重要，5 = 非常重要。

通过对调查问卷收集的数据分析可知，一般私家车出行者不选择公共交通工具作为通勤用交通工具的最主要原因为"等车时间过长"，其余依次为"不舒适、太挤""步行到站距离过远""在途时间过长""班次太少"以及"换乘信息不足"等。前 4 名的原因中，发现影响出行者选择交通工具的主要因素，可分为"出行时间"（Y4、Y5、Y6）与"舒适性"（Y3）两类型。然而这两种类型的因素隶属于公共交通工具的服务属性，由此可知，提升公共交通的服务水平对于改变私家车出行者对于公共交通系统的看法，进而吸引私家车通勤者选择公共交通工具将具有一定的成效。而所得平均数皆大于 3，可知本书所列的原因皆合理。

二、出行方式转移倾向分析

本书针对不同出行距离设计出行情境，以了解使用私家车的通勤者面对不同的停车费用、选择公共交通工具所需的出行时间与出行成本（票价）时转乘公共交通工具（轨道交通或公交车）的意愿（见附录一）。使用不同交通工具的通勤者交通工具转移倾向分析，以及各种情境下通勤者的转乘比例分析，分别叙述如下：

通过统计发现，在所有受访者中，有 29.5% 的通勤者不论面对何种情境都不会改变原先所使用的交通工具，换句话说，即使提高停车费用以及提升公共运输系统的服务质量与效率，仍约有 1/3 的通勤者不受其影响。从另一角度来看，通过上述方法最多可吸引近 2/3 的私家车通勤者改变原交通工具的使用。由此可知，通过提高停车费用的政策与提升公共交通服务效率，能够有效降低私人交通工具使用率。

仅根据出行距离的分析下可得：短程通勤者转移比例最高、中程次的、远程最低，可能原因在于通勤者若使用公共交通工具做远程通勤使用时，由于出行时间较长或可能需要转乘导致便捷性降低，见表 5 - 2。

表 5 - 2　　　　　不同出行距离与出行时间属性等级下，

转移至公共交通工具的比例　　　　　单位：%

出行距离	出行时间属性等级			小计
	低	中	高	
短程	51.0	50.0	37.4	50.6
中程	52.5	34.2	23.1	36.8
中远程	46.1	33.3	26.7	27.3
远程	39.8	29.6	21.4	24.3

在不同出行距离下，通勤者转移至公共交通工具的比例都随着出行时间属性值增加而减少，显示出行时间对于通勤者而言有一定的重要性。

根据增加的停车费用，汽车使用者转移至公共交通工具的比例都随停车费用的增加而提高，显示停车费用的增加对于通勤者转移至公共交通系统有正向的影响，见表 5 - 3。

表 5 - 3　不同停车费用下，私家车通勤者转移至公共交通工具的比例　单位：%

	停车费用增加值（元）		
	5	10	20
转移比例（%）	33.3	54.3	60.3

表 5-4 中，仅从出行成本（票价）角度，转移至公交车与轨道交通的比例都随出行成本属性值增加而减少，显示票价对于通勤者转移至公共交通系统的影响为负向。

表 5-4　不同出行成本（票价）下，转移至不同公共交通工具的比例　　单位：%

公共交通工具	公共交通工具出行成本（票价）属性等级		
	低	中	高
公交车	36.6	19.5	7.8
轨道交通	53.1	53.0	45.3

第三节　出行方式转移模型估计结果

根据有限理性法则所推导的通勤者出行方式转移模型，可以了解私家车通勤者的公共交通工具转移行。在该转移模型中，由式（5-10）可知，模型中所得到的无差异带（IBM_{im}^k）值越大，则表示通勤者越不容易改变其目前所使用的私家车，因此，当解释变量的系数为正时，表示该变量与无差异带值成正比，而与转移倾向成反比；反之，当一般化出行成本（GTS_{im}^k）的系数越大，则越有可能超越通勤者的 IBM 值，显示通勤者越容易转移。在模型的估计上，本书是以马赫马萨尼（1999）所开发的 GAMNP 程序，用以估计模型中的参数。下面将介绍私家车通勤者的出行方式转移模型的估计结果。

表 5-5 为私家车通勤者出行方式转移模型的估计结果，并以S-Ci 为模型代码（S 取自 Switching Model 中的 S）。由表中所得的解释变量可知，影响私家车通勤者对于公交车与轨道交通所形成的无差异带（IBM_{im}^k）与个人属性、出行特性、服务质量有相当密切的关系（由 t 值检验可知所得变量均显著）。服务质量虚拟变量所对应的系数值皆为负，显示通勤者对于该项目的感受越为满意则对于所对应的交通工具越容易接受（因为无差异带降低），该结果与先验知识相符，故为合理的结果。

表5-5　　　　　　　　出行方式转移模型估计结果

替代方案解释变量	S-C1				S-C2			
	公交车		轨道交通		公交车		轨道交通	
	系数值	t值	系数值	t值	系数值	t值	系数值	t值
方案常数项	0.661	7.9	-1.755	-4.7	0.923	6.7	-0.590	-6.3
个人属性变量								
性别	-1.081	-6.7	-0.684	-5.5	-0.345	-4.4	-0.692	-6.0
年龄	0.284	8.6	0.495	5.0	0.099	6.0	0.569	6.2
婚姻	0.652	5.2	0.587	5.1	0.897	6.9	1.081	4.0
职业	0.284	8.7	0.881	6.5	1.632	4.9	1.055	4.1
教育程度	-0.284	-8.4	-0.471	-4.6	-0.833	-7.0	-0.433	-5.1
收入	0.161	6.7	—	—	0.225	9.0	—	—
居住地	-0.161	-6.6	-0.539	-4.9	-0.773	-6.6	-0.813	-7.3
出行特性								
家到工作地点距离	0.468	4.6	0.190	7.3	0.836	6.8	0.237	9.3
家到轨道站点距离	—	—	0.051	3.8	—	—	0.017	2.5
工作地到公交站距离	0.135	6.0	—	—	1.129	4.2	—	—
工作地到轨道站距离	—	—	0.060	4.1	—	—	0.092	6.1
停靠	0.577	5.1	0.426	4.3	0.200	8.6	0.382	4.8
工作时制	-1.365	-7.7	1.087	6.6	-0.551	-5.7	0.977	7.7
一般化出行成本								
出行成本节约值	0.023	2.6	0.047	3.3	0.031	3.4	0.046	4.0
出行时间节约值	0.011	1.8	0.015	2.1	0.003	1.1	0.006	1.5
服务质量虚拟变量								
可靠性—满意	—	—	—	—	-1.089	-4.0	-1.019	-4.1
可靠性—普通	—	—	—	—	-0.971	-7.3	—	—
舒适性—满意	—	—	—	—	-0.390	-4.7	—	—
舒适性—普通	—	—	—	—	-0.269	-3.9	-0.211	-4.6
安全性—满意	—	—	—	—	-0.100	-6.0	-0.142	-7.1
安全性—普通	—	—	—	—	-0.791	-6.6	—	—

续表

替代方案解释变量	S-C1				S-C2			
	公交车		轨道交通		公交车		轨道交通	
	系数值	t 值	系数值	t 值	系数值	t 值	系数值	t 值
便捷性—满意	—	—	—	—	−0.283	−6.9	−0.342	−4.4
便捷性—普通	—	—	—	—	—	—	−0.235	−9.1
误差结构	系数值		t 值		系数值		t 值	
σ_1^2	3.290		6.3		4.419		8.5	
σ_2^2	3.290		6.0		2.752		7.2	
γ_1	4.210		4.9		4.500		7.6	
$LL(\beta)$	−425.32				−398.74			
样本数	197				197			

就一般化出行成本的部分而言，当出行时间与成本节省越多，则通勤者越容易转移至公共交通工具。且由出行成本节省的部分可知，当公交车与轨道交通的票价相同时（节省相同的成本），通勤者转移到轨道交通的倾向较高，此结果反映出两种交通工具在营运上的优劣关系，因此，公交车在营运上需以较低的票价才能够吸引更多的出行。

通过似然比检验可知，考虑服务质量虚拟变量的模型显著优于未考虑的模型，显示出公共交通工具的服务质量会影响私家车通勤者对公共交通工具的看法与感受。该结果与交通工具选择模型所得到的结果相吻合，显示本书所建立的转移模型为一合理的模型。

除此之外，由计算可知私家车通勤者对于公交车的平均无差异带（$IBM_{i,Auto}^{Bus} = 1.72$）大于轨道交通的平均无差异带（$IBM_{i,Auto}^{Transit} = 0.3$），显示私家车通勤者对于轨道交通系统的接受程度大于公交车系统，因此转移至轨道交通的倾向比转移至公交车的强。就模型所得的误差结构显示，通勤者对于公交车与轨道交通两方案在选择上具有相关性（γ_1）存在，呈显著正相关的关系，表示当通勤者决定选择其中一种公共交通工具时，则同时对于另一种交通工具也有正向的偏好。

第四节　敏感性分析

在本书中，为了解停车费用的变化（即私家车的出行成本，TC_i^m）对于私家车通勤者交通工具转移行为的影响，以下列公式表示整体的弹性：

$$E_{CS_{im}^k}^{P_{m(k)}} = \frac{\sum_{i=1}^{obs} \xi_{im}^k / \sum_{i=1}^{obs} \zeta_{im}^k}{(TC_i^{m'} - TC_i^m)/TC_i^m}, \quad (5-23)$$

$\xi_{im}^k = 1$，假如（$IBM_{im}^k - GTS_{im}^k$）> 0 且（$IBM_{im}^k - GTS_{im}^{k'}$）$< 0$

否则，$\xi_{im}^k = 0$；

$\zeta_{im}^k = 1$，假如（$IBM_{im}^k - GTS_{im}^k$）> 0；否则，$\zeta_{im}^k = 0$

其中：

$TC_i^{m'}$：表示出行成本变化后，私家车 k 的出行成本；

$GTS_{im}^{k'}$：表示出行成本变化后的无量纲化出行成本的节约值；

$\xi_{im}^k = 1$：表示在出行成本变动前不会发生交通工具转换，但在出行成本变动后变为会转换的样本；

$\zeta_{im}^k = 1$：表示在出行成本变动前，不发生转换的样本。

式（5-23）表示当私家车通勤者的出行成本（TC_i^m）变动几个百分点后，由不转换出行方式（一般化出行成本小于无差异带，（$IBM_{im}^k - GTS_{im}^k$）> 0）改变为会转换出行方式（出行成本变动后，一般化出行成本大于无差异带，（$IBM_{im}^k - CTS_{im}^{k'}$）$< 0$）的变动率。其中 obs 为样本数。

通过上述数学公式的表达，可以得知在私家车通勤者的出行成本（TC_i^m）的变化率对于私家车通勤者转移至公共交通工具（公交车与轨道交通）的改变百分比。

在出行方式转移模型中，由于 S-C2 模型解释能力较强，因此以该模型为例，针对通勤者计算当出行成本节省变化下，私家车通勤者的运具转移的变动情况。此弹性计算方式如式（5-23）所示，并以编写的 FOR-TRAN 程序语言进行计算。

出行方式转移模型的估计结果显示，当改变私家车所需支出的停车费用时（出行成本的节省增加），将改变私家车通勤者转移至公共交通工具的行为，即转移至公共交通工具的比例会因此提高。在此欲了解私家车出行成本（停车费用）变动下，交通工具转移的变化情形。表5-6为私家车出行成本（停车费用）变动下，私家车通勤者交通工具转移百分比。由表中数据可知，在不同的停车费用变动下，转移至轨道交通的比例都比转移至公交车的比例高，显示私家车通勤者对于轨道交通的接受程度较高，结果与出行方式转移模型所得的无差异带的估计结果相符合。

表5-6　　　　　　　　　私家车出行成本变动下的转移百分比

交通工具	私家车出行成本变动百分比（元）			
	10%（1.5元）	20%（3元）	40%（6.0元）	60%（9元）
公交车	1.43	2.50	3.21	5.46
轨道交通	4.92	11.48	17.21	29.63

本 章 小 结

（1）出行方式转移模型中，所得的影响通勤者对于各交通工具的看法的变量比选择模型所得到的变量多，可知运用转移模型所能捕捉到影响通勤者对于交通工具的感受的能力较强。

（2）出行方式转移模型中，探讨公共交通工具服务质量的模型，在统计上较未加入者有显著的差异，似然值表现较优。显示此类变量确实会影响私人交通工具通勤者对于公共交通工具的看法与感受。

（3）由无差异带的值可知，私家车通勤者对于轨道交通的接受程度高于公交车。除收取停车费用外，降低公共交通工具的票价，也是提升公共交通工具竞争力的方式，因此，将所征收的停车费用补贴公共交通工具的票价，则更能吸引私家车转移至公共交通工具。

第六章

基于涉入理论的出行
方式选择行为研究

　　面对人口城市化及机动车普及化所衍生的城市交通问题，世界各国大都以交通政策或土地使用政策为手段，改善城市交通问题（付建广，2014）。过去为了解各项"交通策略"所形成的效果，常采用微观经济学的效用理论构建交通方式选择模型（景鹏，2012；王孝坤，2014）。然而，应用该模型对交通诱导策略所引发的效果进行评价时存在很大的局限性：①诱导策略所引发刺激的强弱，会因出行者个人特征、心理决策过程、信息接收程度的不同而产生差异，这与效用理论所假设的"决策是完全理性的"并不相符；②以往构建的交通方式选择模型多采用 Logit 模型，模型的参数值为样本的均值，忽略了个体之间的特性差异，而诱导策略可能仅对某一特定群体产生显著效果，因此采用样本均值的方式可能无法确切描述该策略的实施效果。

　　为改善效用理论忽略了心理因素的缺陷，陆续有研究采用行为理论的观点，分析心理因素对交通方式选择行为的影响。这些研究形成了两种截然不同的观点：一种观点认为出行者的交通方式选择行为是理性的，其决策的过程为：问题辨识→信息收集→方案制订与评估，据此选择最佳的出行交通方式（班贝格，2003）；另一种观点则认为交通方式选择是一种惯性的行为，出行者在选择交通工具时主要受到过去行为的影响，若无重大的刺激将持续选择固定的交通工具。决策行为是理性的还是惯性的，直接影响交通诱导策略是否能有效缓解城市交通拥堵问题。若出行者的选择行为是理性的，其会通过收集充分的信息，并比较各种出行方案的优劣后进行决策，那么，提供出行信息、票价优惠等诱导策略改变了出行者信息获取的数量、替代交通工具方案的优劣关系，将有效地改变交通方式选择行为（藤井，2003）。然而，如果选择行为是惯性的，行为的决策主要受到过去行为经验的影响，会导致各种公共交通工具诱导措施难以收到实效（景鹏，2013；阿尔茨，1997）。简而言之，过去研究对于决策行为是理性还是惯性各有支持者，因此，公交诱导策略是否会影响交通方式选择行为还未形成统一的论断。

基于上述背景，本章节为探讨交通诱导策略对出行者的交通方式选择行为的影响，借用市场营销学中广泛使用的涉入理论，将出行者按照公共交通工具涉入程度的高低予以分类，并针对不同涉入程度的群体采用计划行为理论建立结构方程模型，以分析不同涉入程度出行者的交通方式选择行为是倾向于理性的或是倾向惯性的，此项决策行为的差异预期将影响公共交通工具诱导策略的效果。

第一节　研　究　方　法

本书将出行者按照公共交通工具涉入程度的高低进行分类，并针对不同涉入群体应用 TPB、效用理论，分别构建结构方程式模型、个体出行方式选择模型。下文将说明上述理论、模型的含义及采用原因。

一、涉入理论与应用

消费者的决策行为是多元且复杂的，因个人需求与价值、产品特性、外在情境的不同而有所差异，为系统性地探讨这一复杂的决策行为，需要将消费行为进行适当地的分类。涉入是营销学研究中广泛使用的市场细分变量。下文依次说明涉入的定义与本质、影响因素、对决策行为的影响及衡量与分类方式。

1. 涉入的定义与本质

涉入的概念起源于社会判断理论（social judgment theory，SJT），主要用来探讨个人对社会事件、态度的改变与判断过程。陆续有研究在不同领域中应用此概念，而各领域的研究者所赋予的定义也不尽相同。近年来，普遍被采用的是由扎霍诺夫斯基（Zaichkowshy，1985）提出的涉入定义："个人基于内在的需求、价值与兴趣，所产生的对目标物感知的相关程度"。为具体阐明这一定义，依据涉入的本质可分为持久性涉入、情境涉入以及反应涉入三类：

（1）持久性涉入。持久性涉入是指消费者本身特质与产品核心效用之间的关系，其源于个人内在的持续性因素（需求、价值观、兴趣、追求目标），其涉入程度并不会因情境不同而有所改变。

（2）情境涉入。情境涉入是指在某种特定情境下，引起消费者产生的特定行为，其属于短暂性、临时性的影响，一旦该行为的目的完成，消费者对该事物的涉入程度即会回复至原先的水平。

（3）反应涉入。消费者决策行为的牵涉层面相当复杂，其可能同时包含上述的持久性涉入、情境涉入；反应涉入即在反应持久性涉入与情境涉入所结合产生的心理状态。

2. 涉入的影响因素

上述三类涉入本质会受到许多因素的影响，扎霍诺夫斯基将此影响因素做了系统的整理，归类为个人因素、产品刺激因素、情境因素等三项：

（1）个人因素。不同的人对相同产品的涉入程度有高低的区别，当个人认知到产品与其价值观、需要、兴趣相关程度越高时，所引起的涉入程度越高，例如，有乘坐公共交通工具需求的消费者会特别注意有关公共交通工具的相关信息，其对公共交通工具的涉入程度较高；此外，个人对产品知识、使用经验的多少也是影响涉入程度高低的因素。

（2）产品刺激因素。劳伦和卡普菲勒（Laurent & Kapferer，2010）指出，影响消费者涉入程度的产品特性主要包括，①价格：价格越贵的产品，消费者"误购"的损失将会越大，因此，这种产品的涉入程度一般较高；②风险：风险包括购买时的决策错误风险及产品使用后的结果风险，前者如购买到不如意的小汽车，后者则如选择错交通工具，使出行时间或出行成本增加；③社交观感：当产品足以表达一个人的身份、地位或是品味时，则消费者对该类产品便会投以较高的涉入程度，例如，出行者认为私家车较其他交通工具更能显示身份地位时，其对私家车涉入程度将较高。

（3）情境因素。情境因素是指在特定时间、地点，对进行中的行为或行为者心理造成影响的因素，这些因素与个人或产品因素无关，例如，出行者会因时间压力、天气好坏、出行目的、出行起止点等因素，而在选择出行方式时产生不同的涉入程度。

3. 涉入对决策行为的影响

消费者的涉入程度会因个人、产品、情境等因素而有所不同，同时，以往探讨消费者行为的研究指出，消费者对产品涉入程度的高低将影响其决策行为，例如：在决策程序方面，高涉入者会经历"得到消息→了解情况→产生兴趣→评估方案→尝试使用→采纳应用"等理性而渐进的决策过程，低涉入者的决策过程则比较简单快速，通常为"获悉→试用→采纳"，即高涉入者的决策行为计划性较强（Kunkel, 2014）；在信息收集方面，高涉入者会主动、广泛地收集信息，而低涉入者通常被动地、有限度地接触信息（Rasheed, 2015）；在行为态度方面，低涉入者易受说服性信息的影响而改变态度，高涉入者则会对信息加以思考，并理性的评估，最后决定是否改变其态度（Happell, 2014）。

4. 涉入的衡量与分类方式

消费者决策行为会因涉入程度的高低而有所不同，为具体探讨其差异，需要衡量消费者涉入程度的高低，并作以适当的分类。而由于涉入是衡量心理反应的概念，无法直接观察涉入程度的高低，因此，需要通过特定的指标建立涉入量表予以衡量。在过去的研究中，这些指标多采用多重构面，例如，扎霍诺夫斯基设计的涉入量表包括个人因素、产品因素、情境因素。至于衡量指标的方式包括：李克特量表、语意差异量表，其中语意差异量表的受访工作较为简单，然而受访者在进行问卷回答时，可能会受到两极化形容词的影响，而难以将头脑中的产品概念与语意进行连接；

李克特量表的陈述则比较容易被受访者了解，因此近期的研究多采用李克特量表。受访者填答问卷后，将涉入量表各项的分数予以加总，可得到个别受访者的涉入分数，而为探讨不同涉入程度群体的消费行为，有必要以一套划分方式将消费者进行分群。这项工作在以往的研究中有不同的划分方式，例如，以中位数区分为高涉入群、低涉入群两类群体；或划分为三群体，即前25%为高涉入群，后25%为低涉入群，其余为中间涉入群。

综上所述，过去针对一般产品涉入程度所进行的研究指出，涉入程度的高低将受到有计划进行决策的程度、信息接收程度、态度等变量的影响；高涉入者的决策行为倾向于理性，低涉入者的决策则倾向于惯性行为。而这一结论是否也符合出行方式选择的决策，本书将利用涉入变量进行市场细分后，针对各分类群体采用计划行为理论构建模型，再由实证分析进行探究。

二、计划行为理论

计划行为理论（TPB）是近年来著名的行为理论模型，该理论指出行为的决策是基于下述三项基本假设：①大部分行为表现是在自己的意志控制下，并且合乎理性；②某项行为的行为"意向"是决定该项行为是否发生的主要因素；③"意向"的强弱是取决于"态度""主观规范""感知行为控制"三类变量。

在上述假设下，各变量的关系式则如式（6-1）所示：

$$I = \alpha_A \times A + \alpha_{SN} \times SN + \alpha_{PBC} \times PBC \qquad (6-1)$$

式中，I：意向；A：态度；SN：主观规范；PBC：感知行为控制；α_A、α_{SN}、α_{PBC}为权重，在实证分析中可以使用最小二乘法求得；"态度""主观规范""感知行为控制"等变量的含义说明如下：

"态度"是由"认知"（cognitive）、"情感"（affective）两类变量形成，其中，"认知"是指个人对标的物的属性的感受或相关信息所组合成的信念（believe），例如：对交通工具各项服务水平属性的感受、或对公共交通工具信息的了解；"情感"是指个人对标的物的感觉（feeling）、关心（concern），通常带有评价的意味，例如，喜好使用公共交通工具的程度。其关系式如式（6-2）所示：

$$A = \sum b_i e_i \qquad (6-2)$$

式中，b_i 是指行为信念；在此信念下，会产生数值 e_i 的结果评价。

"主观规范"是指个人在进行某项行为时所感受到的社会压力或参考群体的期待，例如，家人或朋友对出行者使用某项交通工具的看法或支持程度。其衡量方式可由个人认知到参考群体对其采取某项行为赞成（或反对）所形成的信念，具体的关系式如式（6-3）所示：

$$SN = \sum b_j m_j \qquad (6-3)$$

式中，b_j 是指参考群体 j 赞成（或反对）其采用取某项行为的规范信念；m_j 则是指顺从 b_j 的程度。

"感知行为控制"是指个人感知到完成某项行为的难易程度，例如，出行者通勤时是否能够容易地使用公共交通工具。其衡量可以采用公式（6-4）：

$$PBC = \sum s_i f_i \qquad (6-4)$$

式中，s_i 是指有能力完成行为的信念；f_i 是指有多大可能性完成该信念。（见图 6-1）

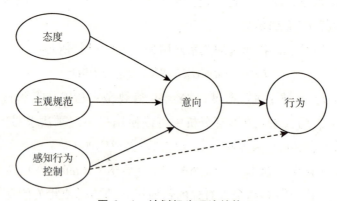

图 6-1 计划行为理论结构

由于式（6-1）~式（6-4）的各项因子都是不可实际观测的心理变

量，因此需要通过若干显性指标予以间接衡量，其常见方式是设计合适的题项，采用测量值进行衡量。在获得测量值后，可进一步应用回归或结构方程构建 TPB 实证模型，再通过模型的整体配适度验证 TPB 变量是否显著，据此探讨某项行为受理性 TPB 变量影响的程度。本书将出行者按照涉入程度的高低予以分类后，针对个别群体采用结构方程构建 TPB 模型，并通过个别模型 TPB 变量显著状况，探讨不同涉入程度出行者出行方式选择行为的差异。

第二节　模型构建

本书构建的模型包含结构方程模型与个体出行方式选择模型，其中，结构方程是一种可以同时探讨两个（含）以上内生变量相互影响关系的模型，其模型结构如式（6-5）所示。

$$Y = BY + \Gamma X + \varepsilon \qquad (6-5)$$

式中，Y 为内生变量矩阵；X 为潜变量矩阵；B、Γ 为参数矩阵；ε 为误差项。

在此模型结构下，本书所构建结构方程的变量主要参考班贝格等（2003）的研究，该研究探讨的因变量（"行为"变量）为公共交通工具使用，影响"行为"的变量包括：TPB 变量（"意向""态度""主观规范""感知行为控制"）以及"过去的行为"变量（过去私家车使用频次与习惯）等两种类型，借此两种类型变量分别代表理性、惯性的影响变量。参考这种模型并依据 TPB 理论，本书所构建模型的内生变量包括："公共交通工具使用（代表'行为'变量)""意向""态度""主观规范""感知行为控制"；外生变量为过去私家车使用频次，具体型态如式 6-6 所示：

$$\begin{bmatrix} B \\ I \\ A \\ SN \\ PBC \end{bmatrix} = \begin{bmatrix} 0 & \beta_{12} & \beta_{13} & 0 & 0 \\ 0 & 0 & \beta_{23} & \beta_{24} & \beta_{25} \\ 0 & 0 & 0 & 0 & 0 \\ 0 & 0 & 0 & 0 & 0 \\ 0 & 0 & 0 & 0 & 0 \end{bmatrix} \begin{bmatrix} B \\ I \\ PBC \\ A \\ SN \end{bmatrix} + \begin{bmatrix} \gamma_{11} \\ \gamma_{21} \\ \gamma_{31} \\ \gamma_{41} \\ \gamma_{51} \end{bmatrix} \begin{bmatrix} PPU \end{bmatrix} + \begin{bmatrix} \varepsilon_{11} \\ \varepsilon_{21} \\ \varepsilon_{31} \\ \varepsilon_{41} \\ \varepsilon_{51} \end{bmatrix} \qquad (6-6)$$

公式（6-6）中，*B* 代表"行为"；*I* 代表"意向"；*A* 代表"态度"；*SN* 代表"主观规范"；*PBC* 代表"感知行为控制"，此四项变量在模型的输入值为公共交通工具测量值与私家车测量值的差值；*PPU* 为"过去私家车使用频次"，其值为"过去是否经常使用私家车"的测量值。ε 为误差项；β、γ 为参数。上述应用 TPB 理论构建线性结构关系模型，可分析不同涉入程度出行者的出行方式选择行为是倾向于理性或惯性，此行为特性的不同预期将影响营销策略的效果。

同时，为具体分析营销策略对不同涉入程度出行者出行方式选择的影响效果，本书将应用效用理论建立个体出行方式选择模型，并以票价优惠为例进行模拟，其模型构建说明如下：在过去的交通规划中多采用多项Logit 模型进行票价与公交选择概率影响关系的模拟，其模型的参数值为全部样本的平均值，忽略了个体之间特性的差异；而为反映个体间的异质性，过去的研究常使用的方法包括"市场细分""巢式 Logit 模型"。参考以往的做法，本书为避免因忽略了个体之间的异质性，而无法客观反映票价优惠所形成的影响，将出行者按照涉入程度的高低进行市场细分，进而针对各个细分群体构建多项 Logit 出行方式选择模型，模拟票价优惠所产生的效果。市场细分做法的基本依据是不同出行者对于出行成本存在异质性，而为客观验证这一推论，在市场细分作业开始，先采用混合罗吉特模型进行测试。混合罗吉特模型是由传统罗吉特模型为基础再予进一步发展，其模型形态如式（6-7）所示：

$$P_{ni} = \int L_{ni}(\beta)f(\beta)\,\mathrm{d}\beta = \int L_{ni}(\beta)f(\beta\mid\vartheta)\,\mathrm{d}\beta$$

$$L_{ni}(\beta) = \frac{e^{\beta x_{ni}}}{\sum_{j=1}^{J} e^{\beta x_{nj}}} \qquad (6-7)$$

上式的 P_{ni} 为出行者 *n* 选择方案 *i* 的概率；L_{ni} 为多项 Logit 模型的概率；x_{ni} 为解释变量集合；*j* 表示替选方案；*J* 表示替选方案集合；β 为随机参数；$f(\beta)$ 为其概率密度函数，一般常设定为正态分布或对数正态分布，$f(\beta)=1$，即 β 为常数，则为传统 Logit 模型；ϑ 为参数（包括均值、标准差）。

式（6-7）中的 β 为随机变量，表示不同出行者对于同一属性的偏好是否存在差异，而本书将出行成本设定为随机变量，可以分析出行成本对不同出行者所形成效用的异质性。由于出行成本的参数设定为随机变量，因此，式（6-7）是一个开放的多重积分，其求解将以数值分析法中的模拟方法，采用 STATA 软件进行参数估计。

综上所述，本章建立的模型架构汇整说明如下：

（1）过去研究为探讨出行方式选择行为是理性的或是惯性的，曾将出行者分别依据有计划进行决策程度的高低、信息接受程度的多少、意向的强弱等变量进行分类。参考这一做法，本书引入能同时关联有计划进行决策的程度、信息接收程度、态度等变量的涉入变量，将出行者按照涉入程度的高低进行分类。

（2）依据涉入程度将出行者进行分类后，进一步应用 TPB 理论，针对各个涉入群体构建结构方程模型，再通过 TPB 变量是否显著，分析不同涉入程度出行者的出行方式选择行为是倾向于理性或惯性。

（3）决策行为是理性或惯性，预期将影响公共交通工具营销策略所产生的效果，为探讨这一影响效果，本书将以票价优惠为例进行模拟。分别针对不同涉入群体探讨票价高低对不同涉入群体出行者所形成的效用。先采用混合 Logit 模型探讨不同出行者对出行成本形成的效用是否具有异质性，再利用多项 Logit 模型针对不同群体构建选择模型，以分析不同票价优惠情境下，各涉入群体公共交通工具分担率的变化情况。

第三节　实证资料收集与分析

一、资料收集与问卷内容

调查地点为大连市大型商场、休闲游乐场所、公交车站，调查方法采用问卷面访方式。问卷内容包括四部分，第一部分是受访者的社会经济属性，具体题项包括：受访者的性别、年龄、教育程度、收入、家庭拥有私家车数等；第二部分是出行方式选择的显示性偏好资料，题项包括：出行使用的交通工具、各交通工具方案（私家车、公共交通工具）的出行成本、车内出行时间、车外出行时间等资料；第三部分是出行方式选择行为资料；第四部分是涉入量表的相关题项。

其中，选择行为资料、涉入量表题项的衡量采用李克特五级量表，其具体内容如下说明。出行方式选择行为资料的问卷分别针对公共交通工具、私家车等二项交通工具方案，即设计二个问卷表格，请受访者分别针对公共交通工具、私家车的使用频次、TPB 变量的题项进行回答（见表 6-1）。

表 6-1   公共交通工具交通工具涉入量

涉入因素	题项	完全同意	有点同意	无定见	有点不同意	完全不同意
个人因素	我会特别注意公共交通工具的相关信息					
	在选择交通工具时，我会依据过去使用经验比较公共交通工具与私家车间的特性差异					
产品刺激因素	票价变化对我选择公共交通工具有很大影响					
	若事后得知乘坐其他交通工具可比公共交通工具快速便捷地到达目的地，我会十分后悔选择公共交通工具					
	我觉得使用公共交通工具会影响别人对我身份的评价					
情境因素	即使面临时间压力，我仍会优先考虑选择公共交通工具					
	天气好坏会让我考虑是否使用公共交通工具					
	我会依据出行目的决定是否选择公共交通工具					
	我会依前往何处决定是否选择公共交通工具					

各 TPB 变量的题项内容主要参考班贝格等（2003）的问卷，说明如下：

1. 态度变量

"态度"变量主要包括"认知"与"情感"两类变量，其中，"认知"类型的变量是指与出行方式选择直接有关的因素，其题项包括五项，即请受访者回答其感受各种选择方案是便宜、快速、舒适、便利、安全等属性的程度；"情感"类型变量是指对出行方式的喜好程度与感觉，具体的题项包括：使用各交通工具方案是好的、高兴的程度。

2. 感知行为控制

"感知行为控制"是指个人感知到完成某项行为难易程度的信念。其题项是询问受访者使用各种交通工具是否容易、自由度的高低。

3. 主观规范

"主观规范"是指针对其他参考群体的期待所形成的信念。本书界定的参考群体包括：家人或朋友、新闻媒体或政府政策倡导等。

4. 意向

"意向"类型的变量是指受访者使用各种交通工具的意愿是否强烈、可能性的高低。涉入程度量表是为测量受访者对公共交通工具的涉入程度，其内容是分析公共交通工具的特性，并依据扎霍科夫斯基归纳的个人因素、产品刺激因素、情境因素三项构面。其中，个人因素主要在于衡量出行者对于公共交通工具相关信息的注意程度，及其是否会依赖于过去使用经验比较公共交通工具与私家车特性的差异；产品刺激因素主要通过公共交通工具的票价、选择公共交通工具后发现出行时间较长的结果风险、公共交通工具形成的社交观瞻等因素来衡量受访者对公共交通工具的涉入程度；情境因素是衡量受访者选择公共交通工具时，受时间紧迫程度、天气情况、出行目的、出行迄点等因素的影响程度。

二、分析结果

本书先针对收集的样本进行信度与效度的分析，其中，信度分析采用

Cronbach's α 系数，系数值若介于 0.5 ~ 0.7，表示该题项属于"可信"的范围；若大于 0.7，则表示该题项的信度很高。采用此方法对本书所收集的涉入变量、TPB 变量调查数据进行计算，计算结果显示，各题项的 α 系数值皆大于 0.5，表示各题项的信度都在合理范围内。在效度方面，一般常用的方法是计算各题项所属效标的因子载荷，因子载荷的绝对值若大于 0.4，则表示该题项具有衡量上的效度。据此，将涉入理论应用于出行方式选择行为的研究针对各涉入变量、TPB 变量的题项计算因子载荷，其绝对值皆大于 0.6，表示各涉入变量、TPB 变量的题项都具有衡量上的效度。

问卷数据的统计分析结果分为三个方面：首先是涉入变量的测量结果；其次是 TPB 变量的测量值；最后针对涉入变量、TPB 变量进行交叉分析，分析结果说明如下。

1. 涉入变量测量结果

将单独受访者回答涉入量表的各题项分值累加后，可获得其涉入分数，经统计后，算得全体受访者涉入分数的平均值为 28.56。为分析不同涉入程度出行者的决策行为，本书将出行者依涉入程度的高低分为两类，即将收入分数高于平均分者列为高涉入群，低于平均分者列为低涉入群；其中，高涉入群的涉入分数平均值为 31.78，低涉入群涉入分数的平均值为 23.76。针对二群体的平均分数进行 t 检验，检验结果的 t 值为 −11.87，显示两个群体的涉入程度具显著的差异。

为探讨出行者社会、经济属性与公共交通工具涉入程度之间的关系，将社会经济属性变量分布于高、低涉入程度的情况在表 6 − 2 中列出。利用表 6 − 1 的样本分布数进行独立性检验，其检验的虚无假设是出行者的公共交通工具涉入程度与其个人（或家庭）的社会、经济属性无关；对立假设则是二者可能有关。检验结果显示，在 5% 的显著水平下，拒绝公共交通工具涉入程度与家庭私家车持有数之间为无关的假设；若显著水平为 10%，则拒绝公共交通工具涉入程度与性别、教育程度为无关的假设；即公共交通工具涉入程度与家庭私家车持有数及出行者的性别、教育程度有着较明显的关联。分析上述三项变量在高、低涉入程度的平均涉入分数，可知女性、教育程度高、家庭私家车持有数较少者对公共交通工具涉入程度较高。此外，在公共交通工具涉入程度与使用交通工具类别的关系方面，各交通工具分布在高、低涉入程度的比率与平均涉入分数列于表6-2。若针对各交通工具的样本分布同样进行独立性检验，得 p 值为0.0046，小于 $\alpha=0.05$，即在5%显著水平下，拒绝了交通工具使用与公共交通工具涉入程度无关的假设。进一步检验公共交通工具的使用者，其属高涉入程度的比率（70%）高于低涉入程度的比率（30%），且其平均涉入分数也比私家车使用者高，可见公共交通工具使用者对公共交通工具涉入程度较高（见表6-3）。

表6-2　　　　　　　　基于社会属性的涉入程度分布　　　　　　单位：%

个人属性		样本数		合计
		低涉入	高涉入	
性别*	男性	51 (20.6)	73 (29.6)	124
	女性	48 (19.4)	75 (30.4)	123
年龄	29 岁及以下	31 (12.5)	42 (17.0)	73
	30~44 岁	43 (17.4)	74 (30.0)	117
	45~60 岁	23 (9.3)	25 (10.1)	48
	60 岁以上	2 (0.8)	7 (2.8)	9
教育程度*	本科以下	32 (13.0)	33 (13.4)	65
	本科	45 (18.2)	76 (30.8)	121
	研究生	22 (8.9)	39 (15.8)	61
家庭汽车持有数**	0	14 (5.7)	68 (27.5)	82
	1 辆	67 (27.1)	69 (27.9)	136
	2 辆及以上	18 (7.2)	11 (4.6)	29
年收入	<3 万元	4 (1.6)	8 (3.2)	12
	3 万~5 万元	15 (6.1)	40 (16.2)	55
	5.1 万~8 万元	35 (14.2)	55 (22.3)	90
	8.1 万~12 万元	23 (9.3)	28 (11.3)	51
	>12.1 万元	22 (8.9)	17 (6.9)	39
样本数		99	148	247

注：** 表示在5%显著水平下，拒绝该变量与公共交通工具涉入程度无关的假设；* 表示在10%显著水平下，拒绝该变量与公共交通工具涉入程度无关的假设。

表 6 – 3 基于交通工具的涉入程度分布

交通工具	样本数	涉入程度		涉入分值
		低涉入	高涉入	
私家车	114（46.2%）	74.5%	25.5%	23.49
公共交通工具	133（53.8%）	30%	70%	32.181

2. TPB 变量测量结果

各出行方式 TPB 变量的测量均值（如表 6 – 4 所示）及其代表意义说明如下：

"态度"变量是衡量出行者对交通工具服务水平属性、喜好程度的评价，其中，交通工具服务水平属性（"认知"变量）的测量结果符合先验知识，即公共交通工具、私家车分别在"安全""舒适"项中具有最佳的评价；公共交通工具在"快速""便利"项的评价明显弱于私家车；私家车在"便宜"项呈现明显较差的评价。进一步计算每种交通工具在上述交通工具服务水平属性的评价均值，私家车（16.73）略高于公共交通工具（15.56）。值得一提的是，衡量出行者对交通工具喜好程度、感觉（"情感"变量）的测量得分均值，以公共交通工具测量值（7.28）高于私家车（6.49）；该结果意味着，在公共交通工具服务水平不高的现状下，出行者对公共交通工具的喜好程度、感觉仍有不错的评价。综合各项"态度"变量的分值，私家车平均分（23.22）略优于公共交通工具的平均分（22.84）。

表 6 – 4 各 TPB 题项的测量平均值

	题项	公交车	私家车
态度	使用该项交通工具是便宜的	3.71	2.09
	使用该项交通工具是舒适的	2.78	3.61
	使用该项交通工具是快速的	2.76	4.01
	使用该项交通工具是便利的	2.77	3.59

续表

	题项	公交车	私家车
态度	使用该项交通工具是安全的	3.54	3.43
	使用该项交通工具是好的	4.01	3.08
	使用该项交通工具是高兴的	3.27	3.41
	小计	22.84	23.22
主观规范	家人或朋友支持我使用该项交通工具	3.43	3.24
	媒体广告或公关活动会影响我选择该项交通工具	3.51	3.46
	家人或朋友认为我应该使用该项交通工具	2.92	2.81
	政府政策会影响我选择该项交通工具	3.34	3.01
	小计	13.20	12.52
感知行为控制	使用该项交通工具是很容易的	2.69	3.31
	使用该项交通工具的自由度很高	2.47	3.77
	小计	5.16	7.08
意向	使用该项交通工具的意愿是很强烈的	2.64	3.07
	使用该项交通工具的可能性是很高的	2.85	3.16
	小计	5.49	6.23

　　公共交通工具与私家车在"态度"的评价上基本相当，在"主观规范"项的评价方面公共交通工具略优于私家车，却为最低，其原因可能在于近年来倡导的公交优先、绿色出行。从"感知行为控制"变量上看，私家车明显好于公共交通工具，其可能的解释是出行者使用私家车的容易程度、便利性具有明显优势。相对地，在公共交通工具服务质量不高的现状下，出行者使用公共交通工具的容易程度、方便性较差。

3. 涉入与 TPB 变量交叉分析结果

　　本书探讨出行者的涉入程度是针对公共交通工具，TPB 变量则分别针对公共交通工具、私家车进行衡量；为利于说明涉入变量、TPB 变量的交叉分析结果，将 TPB 变量的测量结果采用公共交通工具减去私家车的差值予以表示。该差值可代表受访者对公共交通工具、私家车评价的差异，其值若为正，代表公共交通工具的评价优于私家车；反的，代表公共交通工具的评价较私家车为差。该差值的数值越大，代表对公共交通工具的评价越高。依上述方式，将涉入变量、TPB 变量的交叉测量结果汇总，见表6-5。

表6-5 涉入与 TPB 变量的交叉分析

TPB 变量	公共交通工具测量值减私家车测量值的差值	
	低涉入群体	高涉入群体
态度	-0.577	-0.248
主观规范	-0.471	1.452
感知行为控制	-2.369	-1.664
意向	-1.152	-0.466

表6-5 中，各 TPB 变量在高、低涉入群体的数值大小可以比较两者对于公共交通工具评价的差异，其结果显示，高涉入群体的数值均大于低涉入群体，即公共交通工具高涉入群体对公共交通工具的评价均优于低涉入者。此外，各项数值的正负号可比较公共交通工具与私家车的评价，其显示低涉入群体的数值均为负值，即低涉入群体在各 TPB 变量的衡量下，对于私家车的评价优于公共交通工具。高涉入群体的"主观规范"项为正值，代表高涉入出行者在"主观规范"项对公共交通工具的评价较私家车为高，其含义是对公共交通工具涉入程度大的出行者，家人或朋友、新闻媒体、政府政策等参考群体的意见能影响其使用公共交通工具的行为。除此之外，其余数值均为负值，即高涉入群体除"主观规范"项外，对其他 TPB 变量的衡量倾向于私家车。

第四节 实证模型的构建与分析

本书构建的实证分析模型包括两部分，首先，采用结构方程模型探讨不同涉入群体出行方式选择行为的差异；其次，采用显性偏好资料构建出行方式选择模型，两类模型的估计结果说明如下。

一、结构方程模型估计结果

本书构建的结构方程模型，使用 Amos 软件进行参数估计后，高、低涉入群体的模型估计结果如图 6 - 2、图 6 - 3 所示。在模型整体配适度方面，两个模型适合度（CFI）均大于 0.95，残差的均值平方根（RMSEA）均相当接近于 0，显示模型的配适程度良好。在方程的参数估计值方面，"态度""主观规范""感知行为控制"对"意向"呈正向影响；"意向""感知行为控制"变量对"行为"变量呈正向影响关系；另外，"过去私家车使用频次"对公共交通工具各 TPB 变量、"行为"变量（使用频次）均呈负向影响；这些估计结果符合先验知识。

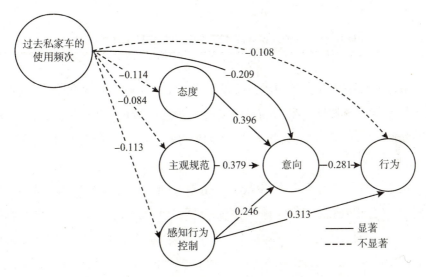

图 6 - 2　高涉入群体的 TPB 结构方程式模型估计结果

由分析结果可知，衡量模型的 χ^2（df = 5，N = 148）= 56.77，P < 0.001，表示理论模型与观察所得数据适配。衡量模型的绝对适配指标

RMSEA 值为 0.005、CFI 值为 0.977，增值适配指标显示 NFI 为 0.963，表示模型适配评估为优秀。

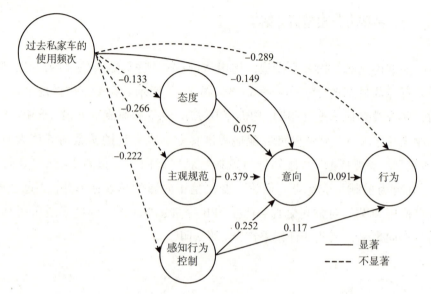

图 6-3　低涉入群体的 TPB 结构方程式模型估计结果

由分析结果可知，衡量模型的 χ^2（$df=5$，$N=99$）$=48.93$，表示理论模型与观察所得数据适配。衡量模型的绝对适配指标 RMSEA 值为 0.129、CFI 值为 0.946，增值适配指标显示 NFI 为 0.952，表示模型适配评估为优秀。

在"意向""行为"的参数估计结果方面，在高涉入群体的模型中，"态度""主观规范""感知行为控制"等 TPB 变量对"意向"的影响为正且显著，且"意向""感知行为控制"变量对"行为"变量亦呈正向且显著的影响关系，估计结果说明：高涉入群体的出行方式选择行为符合计划行为理论的立论，即"意向"的强弱明显受"态度""主观规范""感知行为控制"三类变量的影响；且"意向"对"行为"产生显著的影响。代表惯性变量的"过去私家车使用频次"的估计结果，虽然对"意向"变量呈现显著的影响，但对"行为"变量的影响却不显著。在低涉入群体的模型中，TPB 变量影响"意向""行为"的程度不如高涉入群体明显，其中，"态度"变量对"意向"变量的影响不显著，且"意向""感知行为控制"变量对"行为"变量的影响也不显著。此外，"过去私家车使用频次"的参数估计结果也与高涉入群体有较大差异，除对"意向"变量呈显著的负向影响关系外，且对"行为"变量具显著的负向影响。

综上所述，在高涉入群体中，TPB 变量对"意向"变量、"行为"变量具显著的影响；代表"过去行为"的惯性变量对"行为"变量的影响则不显著。在低涉入群体中，TPB 变量对"行为"变量的影响程度不如高涉入群体；而惯性变量则对"行为"变量产生显著的影响。这一结论相当程度地验证了："高涉入程度出行者的出行方式选择行为较倾向于理性，低涉入程度出行者的出行方式选择行为则较倾向于惯性"的假设，与过去针对一般产品涉入程度所进行的研究有着相同的发现。

二、出行方式选择模型估计结果

上述实证分析结果验证了不同涉入程度出行者的出行方式选择行为具差异性，而为具体模拟此异质性所引发的效果，本书采用显示性偏好资料构建模型，以模拟不同票价优惠情境下的交通工具占有率改变情形。首先，为测试不同出行者对于出行成本是否存在异质性，采用混合 Logit 模型构建模型。模型构建考虑的解释变量与指定方式说明如下：车内出行时间、车外出行时间、出行成本等指定为共有变量；是否拥有私家车、收入等设定为私家车替选方案特有变量。其中，为分析个体之间对出行成本的偏好是否具异质性，设定出行成本变量的系数为正态分布。模型的参数估计经不同函数的测试过程与检验后，其估计结果见表 6 - 6，其中，车内时间、车外时间、是否拥有私家车、收入等解释变量的估计结果均符合先验知识且显著。设定成随机变量的出行成本，其参数估计值为负且显著（ $t = -2.673$ ），且标准差为显著，显示不同出行者对出行成本的偏好并不一致，即存有异质性。混合 Logit 模型的估计结果验证了出行者之间对出行成本具异质性，而为具体分析异质性所衍生的效果，进一步以涉入程度作为市场细分变量，分别针对高、低涉入群体采用多项 Logit 建立模型。模型的估计结果如表 6 - 7 所示，各解释变量在高、低涉入模型的估计结果符合先验知识且显著；至于采用市场细分构建的模型是否较采用全样本构建的模型为佳？可以通过似然比检验予以比较，其似然比统计量为 30.16，此值大于 $\chi^2(0.95, 5) = 11.07$，可见采用市场细分方式所构建的模型较优。

表6-6   混合罗吉特模型构建出行方式选择模型的估计结果

解释变量		估计参数	t 值
随机变量	出行成本（元）	-0.031	-2.673
	标准差	0.04	2.195
非随机变量	车内时间（分钟）	-0.034	-5.608
	车外时间（分钟）	-0.065	-4.428
	是否持有私家车（是：1，否：0）	1.363	4.483
	收入（万元）	0.018	3.574
	常数（公共交通工具）	0.662	2.020
似然比指标		0.231	
仅包含常数的对数似然值		-392.15	
收敛时的对数似然值		-301.56	
样本数		247	

表6-7   采用涉入程度进行市场细分的出行方式选择模型估计结果

变量名称	全样本		低涉入		高涉入	
	系数值	t 值	系数值	t 值	系数值	t 值
车内时间（分钟）	-0.033	-5.107	-0.034	-4.104	-0.030	-2.754
车外时间（分钟）	-0.063	-4.142	-0.074	-2.475	-0.076	-4.027
出行成本（元）	-0.017	-4.281	-0.018	-3.089	-0.020	-3.284
收入（万元）	0.018	3.646	0.014	1.997	0.032	3.510

续表

变量名称	全样本		低涉入		高涉入	
	系数值	t 值	系数值	t 值	系数值	t 值
是否持有私家车 （是：1，否：0）	1.378	4.985	0.798	2.086	2.269	5.045
常数（公共交通工具）	0.504	1.526	0.028	0.057	1.269	2.575
似然比指标	0.226		0.174		0.333	
仅包含常数的 对数似然值	−392.15		−181.06		−208.22	
收敛时的对数似然值	−303.51		−149.50		−138.93	
样本数	247		99		148	

三、模型估计结果的应用

应用表6-7的估计结果可模拟票价优惠营销策略所引发的效果。先进行公共交通工具票价的弹性分析，其中，全样本的票价弹性为 - 0.466；进一步针对高、低涉入群体进行弹性分析，则显示高涉入群体的票价弹性为 - 0.632，大于低涉入群体出行者的票价弹性 - 0.397。除上述的点弹性分析外，进行票价优惠的政策敏感度分析，将不同的票价方案分别代入高、低涉入群体的需求模型中，模拟不同票价优惠情境下的公共交通工具分担率；其结果经与无票价优惠方案的公共交通工具分担率进行比较后，将各票价优惠方案所提升的公共交通工具分担率汇总如表6-8所示。由上述模拟结果可知，票价优惠对提升公共交通工具使用率的效果方面，公共交通工具高涉入群体明显高于低涉入群体。

表6-8　　各票价优惠方案所提升公共交通工具分担率的模拟结果　　单位：%

	票价八折	票价六折	票价四折	票价二折	不收费
低涉入群体	0.59	1.23	1.91	2.64	3.42
高涉入群体	1.29	2.70	4.24	5.90	7.70

注：票价无优惠情境的公共交通工具分担率：低涉入群体：8.9%，高涉入群体：13.5%。

综合上述实证分析的结果，公共交通工具高涉入者对公共交通工具的评价较高，且其出行方式选择行为倾向于理性，各项营销或改善公共交通工具服务水平的措施所能提升运量的效果预期比低涉入者明显。因此，为使各项提升公共交通工具分担率措施的效果更为显著，可施行若干可提高公共交通工具涉入程度的措施。具体措施包括：广告频繁地出现可有效提升涉入程度、电视广告是低涉入市场最有效的沟通媒体、利用名人做广告可提升产品的涉入程度。建议相关单位致力于公共交通工具硬、软件环境改善的同时，可持续利用这些预期可提升公共交通工具涉入程度的营销措施，以能有效提升国内公共交通工具的分担率。

本 章 小 结

一、结论

研究者们对于出行方式选择行为是理性或惯性各有支持的论点，随之，公共交通工具票价优惠、信息提供等措施能否提升公共交通工具使用量，也有不同的看法。基于上述背景，本书引入营销学中被广泛应用的涉入理论，将出行者按照公共交通工具涉入程度的高低予以分类，并应用TPB理论构建结构方程模型，分析不同涉入程度出行者出行方式选择行为的差异。此外，为具体分析票价优惠策略所引发的效果，采用显示性偏好资料构建出行方式选择模型，再模拟不同票价优惠情境下，对公共交通工具使用量产生的影响。具体结论说明如下：

①公共交通工具涉入程度与出行者社会、经济属性的独立性检验结果显示，公共交通工具涉入程度与出行者的性别、教育程度及其家庭私家车持有数的多少有着较明显的关联，其中，女性、教育程度高、家庭私家车持有数较少的出行者，对公共交通工具涉入程度较高。此外，公共交通工具涉入程度与使用交通工具的独立性检验结果显示，公共交通工具涉入程

度与使用何种交通工具具有关联性，其中，公共交通工具使用者对公共交通工具涉入程度较私家车使用者为高。

②在 TPB 变量测量结果方面，公共交通工具与私家车在"态度"的评价上基本相当，在"主观规范"项的评价方面公共交通工具略优于私家车，却为最低，其原因可能在于近年来倡导的公交优先、绿色出行。从"感知行为控制"变量上看，私家车明显好于公共交通工具，其可能的解释是出行者使用私家车的容易程度、便利性具有明显优势。相对地，在公共交通工具服务质量不高的现状下，出行者使用公共交通工具的容易程度、方便性较差。

③在高、低涉入群体对公共交通工具评价的比较方面，高涉入出行者对公共交通工具的评价均优于低涉入者；在公共交通工具与私家车评价的比较方面，低涉入群体在各 TPB 变量的衡量下，对于私家车的评价均优于公共交通工具；而高涉入群体除"主观规范"项外，在其他 TPB 变量的衡量中，私家车的评价较好。

④采用结构方程构建 TPB 模型的估计结果显示，高涉入群体的出行方式选择行为符合 TPB 的立论，即"态度""主观规范""感知行为控制"等理性行为变量对"意向"变量产生正向且显著的影响，且"意向""感知行为控制"变量能有效解释"行为"变量；然而对于低涉入群体，理性 TPB 变量对公共交通工具使用"行为"的影响则不如高涉入群体显著，其"意向""感知行为控制"变量对"行为"变量的影响并不明显。而代表惯性的"过去私家车使用频次"变量，其对高涉入群体的公共交通工具使用"行为"并无显著的影响效果，却对低涉入群体的公共交通工具使用"行为"呈现显著的影响。由实证分析结果可以推论：高涉入程度出行者的出行方式选择行为较倾向于理性，低涉入程度出行者的出行方式选择行为则较倾向于惯性。

⑤本书采用混合 Logit 模型构建出行方式选择模型，模型估计结果显示，设定成随机变量的出行成本，其参数估计值为负且显著，显示不同出行者对出行成本的偏好并不一致，即采用显示性偏好资料构建的模型，仍反映了出行者之间的出行方式选择行为存有异质性。

⑥TPB 结构方程模型、混合 Logit 出行方式选择模型均显示不同出行者间的出行方式选择行为具差异性，而为具体模拟营销措施因异质性所衍生的效果，本书以公共交通工具涉入程度作为市场细分变量，采用多项 Logit 模型分别针对高、低涉入群体建立模型，进而利用其模型估计结果进行弹性分析与不同票价情境的敏感度分析。由模拟结果可知，高涉入群体的票价弹性大于低涉入群体，票价优惠对提升公共交通工具使用量的效果方面，公共交通工具高涉入群体明显高于低涉入群体。

二、建议

对于未来的研究方向，本章节有以下的建议：

①本书构建的结构方程模型相当程度验证了：高、低涉入程度出行者的出行方式选择行为分别倾向于理性、惯性的假设。而为更强化模型推论的正确性，后续研究可通过实际行为的观测进行分析、验证，例如：分别针对高、低涉入程度出行者提供票价优惠、信息提供等营销措施，并观测这些措施提供前、后的出行方式选择行为，进而通过实际行为是否改变，强化验证本书所推论的假设。

②本书已初步探讨了涉入与出行者社会经济属性、出行中使用的交通工具、TPB 变量之间的关系，然而对于涉入量表的题项内容、涉入程度的分群（如区分为高、中、低涉入群体）可再进行深入探究。在应用方面，建议后续研究可进一步探讨涉入与出行目的（如通勤出行）的关联、可提高公共交通工具涉入程度的措施，使得涉入理论应用于出行行为的决策能更臻完善。

③本书的实证分析结果显示，票价优惠措施对不同涉入群体所引发的效果有所差异，即公共交通工具营销措施的提供应针对特定的群体。这一论述应可进一步发展并落实于实践应用，例如，轨道交通各项促销活动、大运量公交车的实施经验显示，票价优惠等营销策略对公共交通工具使用量的提升具某种程度的效果，然而这些营销措施对哪种群体、什么出行目的具吸引效果？值得进行更深入的研究，使得后续的推广措施能有客观分析成果可以遵循。

第七章

考虑社会互动效应的出行
方式选择行为分析

前文述及，出行方式选择行为的本质是消费者行为，过往相关研究比较集中在个人因素、环境因素以及选择（消费）对象方面，忽略了人际互动对个人消费行为（出行方式）造成影响。近年来，受到社会心理学、消费者行为学、博弈论等领域研究进展的推动，对于个体间的非市场互动—社会互动的定量分析得到了长足的发展。在定量分析的范畴中，微观动机与宏观行为之间的关系（布兰科，1993），可以不再单纯利用统计分析，而是以行为主体间的相互作用来加以构建。

本书将"通勤者无节制使用私家车出行"视为一种社会困境，把通勤者作为研究对象，实施问卷调查收集资料，构建考虑社会互动效应的出行方式选择行为模型，并分析集体行为的多重均衡。利用多重均衡中临界质量来分析集体行为如何达到均衡转移的阈值，进而对消除劣势均衡所应出台的政策干预进行定量评估。通过上述做法，希望能使大多数人从选择私家车通勤的非合作状态（劣势均衡）转变为乘坐公交车通勤的合作状态（优势均衡）。本部分旨在构建考虑社会互动效果的出行行为模型，以改善以往隐含在离散选择模型中的"个体的决策是独立于周边决策者"的假设，使分析模型更加贴近实际现象。

第一节　研　究　概　述

　　若在某种行为中社会互动效用确实存在且具有一定的影响力，则该行为可被看作是一种集体行为，在针对集体行为进行政策干预的评价时，必须注意政策干预的效果。政策干预的效果与政策干预的强度并不是线形相关的，两者的关系很可能如图7-1所示，即政策干预达到一定的强度时，会使集体行为发生均衡转移，从而大幅度提升干预效果（莫菲特，2001）。对此，可以通过图7-2中五个阶段的例子加以说明。如图7-2所示，在某一地区由于私家车大量无节制出行造成了严重的交通拥堵问题（阶段1），因此政府出台政策干预措施希望能改善该问题（阶段2），但是发现收效甚微；政府施行更加严格的管控措施（阶段3），但政策效果仍不明显，这是因为个体决策时会参考、跟随所在群体中多数人的行为来作出判断和选择。换句话说，当人们抱有这样的想法"大家都开车上班，所以我也和大家一样。"或者"即使我坐公交车出行，别人也会开车，不会给交通状况带来多大改变。"时，政策干预的实施若未达到一定的程度，则难以消除原有行为的韧性。因此，当政策干预达到某种程度时（阶段4），干预的效果将出现大幅度提升。这是因为政策干预的强度达到了集体

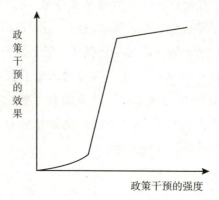

图7-1　政策干预强度与效果之间的关系

行为转变的阈值，使得个体间产生指向合作（乘坐公交车）的连锁反应，进而促成集体行为的均衡转移。但是，在均衡转移后，再继续增大政策干预的强度（阶段5），边际效果会大幅降低。综上所述，存在社会互动的交通行为，若能求出达到集体行为均衡转移的阈值的政策干预，将可使社会资源得到更有效的利用，因此对于政府的政策制定、实施与评价是十分重要的。

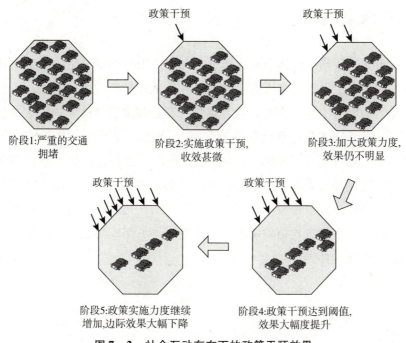

图7-2　社会互动存在下的政策干预效果

近年来，将社会互动纳入二项选择模型的数理分析方法已经取得了长足的发展，最近甚至还发展出了多项选择模型。由布洛克与杜尔劳夫（2001）以及布鲁姆（2011）所发展出的互动模型理论是该领域的佼佼者。该模型完美地解决了均衡线性模型只能得出单一社会均衡以及参数识别困难的缺陷，其主要特征如下：①在个体行为之间具有内生性的情况下，能更具弹性的处理计量经济模型的参数识别问题；②可整合传统的离散选择模型，适用于实证分析；③从个体层面的选择行为模式推导出社会均衡等式，以此求得群体（观测样本）平均选择水平的多重社会均衡。因此模型可以描述稳定均衡的社会僵持状态。特别是第③点的多重均衡特性，使该模型能对群体行为的均衡转移的可能性进行分析。同时，可对多重均衡中的阈值加以描述。以下将对阈值理论进行阐述，并对群体行为的均衡转移概念加以说明。

一、阈值理论

在个体的效用受群体中其他成员的选择所影响的情况下，人们对特定行为采用与否，取决于是否有足够多的人采取该特定性为。例如，人们在决定是否乘坐公交车上班时，会考虑是否有足够多的其他人同样乘坐公交车上班，然后再来决定自己的出行方式。当然，每个人对"足够多"的理解并不一致（谢林，2006）。换言之，每个人都有自己的"意识到多少人或多大比例的人采取了该行为，自己才会采取相同行为"的阈值。如果把每个人的阈值以概率分布的形式来表示，由于集中在均值附近的阈值概率密度较大，越远离均值的阈值概率密度越小，因此可表达为近似正态分布的钟形曲线，如图 7 – 3（a）所示。

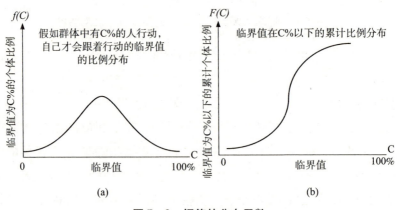

图 7 – 3　阈值的分布函数

若将不同阈值下个体选择比例转换为累计分布形式，则表示阈值小于某一特定值的累计个体比例，如图 7 - 3（b）所示。图 7 - 3（b）曲线反映出集体行为随阈值的变化规律，可以定义临界值为对行动人数的期望，而累计个体比例为行动人数。图 7 - 4 描述了在不同的"对行动人数期望"条件下，行动人数的变化情况。

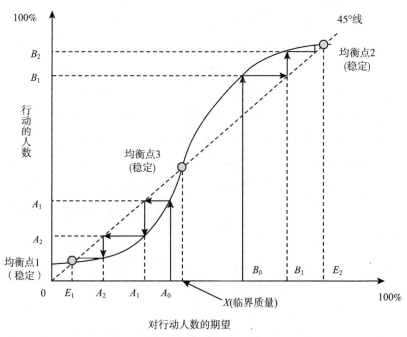

图 7 - 4　集体行为的反应曲线（以多重均衡为例）

如图 7 - 4 所示，S 型曲线具有两个主要特征：①该曲线的函数为单调增函数，反映出个体行为倾向为随着其预期的行动为人数的增加而增加。符合心理学中所提出的从众效应理论。②当对行动人数期望值趋近 0 或 100% 时，函数的斜率较小；相反，在曲线中间部分函数斜率很大。说明在不同的"对行动人数期望"之下，个体行为对于他人行动的敏感程度差异很大，曲线中段敏感性高，而越靠近极值（0%、100%）敏感度越低。由于具有上述特征，对于任意给定的"对行动人数的期望"，经过足够长时间后，行动人数均会收敛在均衡点 1 或均衡点 2 位置，下文将对详细的收敛过程加以描述。

假设人们在某一时点 (t)（S 型曲线上任意一点均可以作为该时点的对应点），个体对行动人数的期望的产生于时点 ($t-1$) 的行动的人数（布洛克，2001）。因而，若计算期初群体内行动的人数为 A_0，则下一个时点"对行动人数的期望"即可设定为 A_0。由图 7 - 4 的集体行为反应曲线可知，人们在对行动人数的期望为 A_0 情况下，行动的人数将为 A_1。同时，该时点 ($t+1$) 的对行动人数的期望形成，数值为 A_1。因为对行动人数的期望下降，行动的人数将减少到 A_2，不断重复上述过程，对行动人数的期望和行动人数将逐渐趋于一致，最终收敛于均衡点 1，即行动的人数将会稳定在 E_1 点上。通过以上分析可知，如果初期行动的人数少于不稳定阈值 X 的话，行动的人数将会逐步下降，最终达到 E_1。

同理，如果群体内初期行动的人数为 B_0 时，下一个时点的对行动人数的期望即可设定为 B_0。人们在对行动人数的期望为 B_0 的情况下，行动的人数将为 B_1，如图 7 - 4 所示。同时，新的对行动人数的期望产生了，其值为 B_1。由于对行动人数的期望增加，行动的人数将上升至 B_2。不断重复此过程，对行动人数的期望和行动人数将逐渐趋于一致，最终收敛于均衡点 2，行动的人数将会稳定在 E_2。由以上讨论可知，若初期的行动人数高于 X，最终的行动人数将收敛于 E_2。

综上所述，不论行动的人数的初始值为何值，最终必然收敛于少数人行动的均衡点 1 或多数人行动的均衡点 2。均衡点 3 为不稳定均衡点，其为多数人行动与少数人行动的分界点。若行动的人数初始值为 X，行动人数的少许增加或减少均会产生指向行动或不行动的连锁反应，因此，特别把均衡点 3 称为临界质量（阈值）（Ball，2006）。

二、集体行为的均衡转移

首先，应明确何种情况下需要让集体行为发生均衡转移。如图 7 - 4 所示，在多重均衡状态下，若初期行动人数在临界质量 X 以下时，集体行为最终将演变为少数人行动。因此，若需实现多数人行动的群体行为，必须使均衡发生转移，即由少数人的行动转变为多数人的行动。当然，对于一些具有负面作用的行为，或希望限制（减少）的行为，则均衡转移的目的是使多数人的行动转变为少数人的行动，例如吸烟、作弊等行为。

如图7-5（a）所示，反应曲线的形状虽然与图7-4中的S型曲线一致，但该曲线与$x=y$的45°线只有一个交点，即仅有一个稳定均衡点，意味着群体行为将收敛在只有少数人行动的均衡点。同理，图7-5（b）预示着多数人行动的均衡状态产生。可见，通过政策的调整可以改变社会中某种集体行为的均衡态势，促使不利均衡向有利均衡转变。

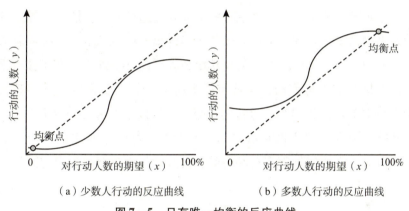

（a）少数人行动的反应曲线　　　（b）多数人行动的反应曲线

图7-5　只有唯一均衡的反应曲线

在具有多重均衡的环境下，可通过实施能改变人们"对行动人数的期望"的心理策略或者诱导性策略使行动的人数暂时超过临界质量，从而实现均衡转移。心理策略是指能让人们预期"更多的人会变得乐于行动"的策略，能诱发社会的相互信赖，使人们愿意行动。诱导性策略是诱发出一次或数次替代行为以产生短期行为转变的方法，例如为期一周的私家车禁行。但若仅存在唯一均衡点时，上述策略将失效。此时需要通过结构性策略与心理策略并用，将反应曲线平移，以实现政策目标。如图7-6所示，在同样的对行动人数的期望下，转移以后的曲线反映出更高的行动人数。通过复合型策略使反应曲线平移的方式同样适用于多重均衡与唯一均衡的状况。

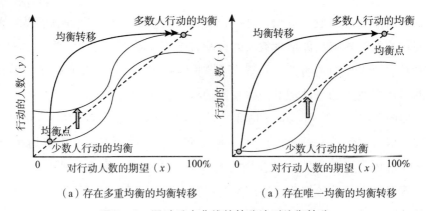

图 7-6　通过反应曲线的转移达到均衡转移

综上所述，基于社会互动效应的出行方式选择模型，能够在考虑社会互动效果的前提下，针对如何解决驾车通勤出行产生的社会困境问题进行分析。换句话说，可以针对应如何从少数人行动（有车者大都不愿意乘坐公交车上班）的劣势均衡，转移为社会所期望的多数人行动（多数人愿意乘坐公交车）的优势均衡进行实证分析，并以此作为交通政策制定与评估的基础。本章节将依据布洛克和杜尔劳夫（2001）提出的社会互动理论，针对城市中心区域驾车通勤者的社会互动行为进行分析研究。

第二节　基于社会互动效应的出行方式选择行为模型构建

本书依据社会互动模型理论，建立考虑社会互动效应的二元选择模型。为分析集体行为的多重均衡性，将推导出社会均衡等式，并以该等式为依据，对交通政策的干预目标进行设定。

一、考虑社会互动的二元选择模型

本书以全域性互动作为社会互动的基本架构，基于期望效用理论，建立

· 148 ·

二元选择模型。因此，个体在进行行为决策过程中，除了考虑个人效用以外，还会受到群体中其他成员的选择行为的影响。具体如下（见图7-7）：

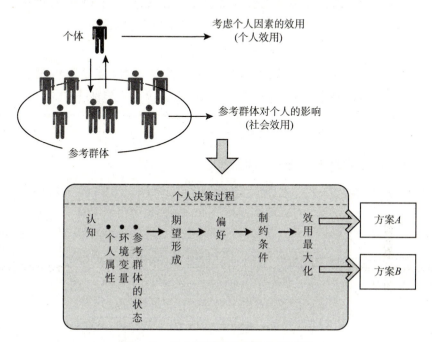

图7-7　社会互动下的行为决策过程

首先，将个体 i 的选择行为表示为二元变量 w_i，若个体选择方案 A，则 $w_i = 1$；选择方案 B，则 $w_i = -1$。个体 i 选择行为 w_i 的总效用可表示为 $V(w_i)$，由三部分组成：①可观测的个人效用 $u(w_i)$，②社会效用 $S(w_i)$，③无法观测的随机效用 $\varepsilon(w_i)$。总效用函数可表达为：

$$V(w_i) = u(w_i) + S(w_i) + \varepsilon(w_i) \qquad (7-1)$$

社会效用中的 $\overline{m_i^e}$ 表示个体 i 对群体平均选择的主观期望值，依照之前对 w_i 的定义，$\overline{m_i^e}$ 的值域为 $[-1, 1]$，其计算公式可表示为：

$$\overline{m_i^e} = \frac{\sum\limits_{j \neq i} m_{i,j}^e}{I - 1} \qquad (7-2)$$

其中，I 是群体中的个体数量，$m_{i,j}^e$ 是个体 i 对个体 j 的选择的主观期望值。$\overline{m}_i^e$ 可转换为个体 i 对群体选择"方案 A"的期望比例 $\overline{p}_i^e$，其值域则转换为 $[0, 1]$，计算公式可表达为：$\overline{p}_i^e = (\overline{m}_i^e + 1)/2$。

为表现出个体选择与群体选择之间的乘数互动作用（multiplicative interaction），对于社会效用 $S(w_i, \overline{m}_i^e)$，可用如下公式表达：

$$S(w_i, \overline{m}_i^e) = Jw_i\overline{m}_i^e \qquad (7-3)$$

其中 J 是衡量个体间依存程度的单一数量参数，J 的数值是由将 $S(w_i, \overline{m}_i^e)$ 对 w_i 和 $\overline{m}_i^e$ 进行交叉偏微（cross-partial）求得的：

$$J = \frac{\partial^2 S(w_i, \overline{m}_i^e)}{\partial w_i \partial \overline{m}_i^e} \qquad (7-4)$$

个体选择方案 A 的概率可表示为：

$$Prob[V(1) \geqslant V(-1)] = Prob[U(1) + \varepsilon(1) \geqslant U(-1) + \varepsilon(-1)]$$
$$= Prob[\varepsilon(-1) - \varepsilon(1) \leqslant U(1) - U(-1)] \qquad (7-5)$$

假设无法观测的随机效用 $\varepsilon(w_i)$ 服从 IID 的 Gumbel 分布，方案 B 与方案 A 的随机效用 $\varepsilon(-1)$ 与 $\varepsilon(1)$ 的差值呈 Logit 分布，则：

$$Prob[V(1) \geqslant V(-1)] = \frac{1}{1 + \exp(-\theta(U(1) - U(-1)))}$$
$$= \frac{1}{1 + \exp(-\theta(U(1)) \times \exp(U(-1)))}$$
$$= \frac{\exp(\theta U(1))}{\exp(\theta U(1)) + \exp(\theta U(-1))} \qquad (7-6)$$

其中，θ 是随机效用的尺度参数。令可观测项 $U(w_i) = u(w_i) + S(w_i, \overline{m}_i^e)$，则考虑个体对群体平均选择的主观期望值（$\overline{m}_i^e$）的二元 Logit 模型，对于任意方案的选择概率可推导如下：

$$Prob(w_i) = \frac{\exp[\theta(u(w_i) + Jw_i\overline{m}_i^e)]}{\sum\limits_{v_i \in [1, -1]} \exp[\theta(u(v_i) + Jv_i\overline{m}_i^e)]} \qquad (7-7)$$

二、存在社会互动下的集体行为的多重均衡

个体对每个方案的可观测的个人效用 $u(w_i)$，可通过线性定式化

（即 $u(w_i)$ 与 w_i 线性相关）替换为 $hw_i + k$。其中，$u(1) = h + k$，而 $u(-1) = -h + k$，其中，h 和 k 为转换系数。通过线性化处理，在个体对他人行为的主观认定条件下，个体选择的期望值可用以下公式描述：

$$E(w_i) = \sum Prop(w_i) \times w_i = Prop(+1) \times (+1) + Prop(-1) \times (-1)$$

$$= 1 \times \frac{\exp(\theta h + \theta J(I-1)^{-1} \sum_{j \neq i} m_{i,j}^e)}{\exp(\theta h + \theta J(I-1)^{-1} \sum_{j \neq i} m_{i,j}^e) + \exp(-\theta h - \theta J(I-1)^{-1} \sum_{j \neq i} m_{i,j}^e)} +$$

$$(-1) \frac{\exp(-\theta h - \theta J(I-1)^{-1} \sum_{j \neq i} m_{i,j}^e)}{\exp(\theta h + \theta J(I-1)^{-1} \sum_{j \neq i} m_{i,j}^e) + \exp(-\theta h - \theta J(I-1)^{-1} \sum_{j \neq i} m_{i,j}^e)}$$

$$(7-8)$$

由三角函数可知，$\sinh(x) = 0.5(e^x - e^{-x})$，且 $\cosh(x) = 0.5(e^x + e^{-x})$，则：

$$\tanh(x) = \sinh(x)/\cosh(x) = (e^x - e^{-x})/(e^x + e^{-x}) \qquad (7-9)$$

由公式（7-9）可知，个体选择行为的期望值 $E(w_i)$ 可被简化描述为：

$$E(w_i) = \tanh(\theta h + \theta J(I-1)^{-1} \sum_{i \neq j} m_{i,j}^e) \qquad (7-10)$$

假设，对于全部个体而言，每个个体均有理性预期（rational expectation），则个体对他人行为的主观认定可通过数学期望值来表示，即 $m_{i,j}^e = E(w_j)$，$\forall i, j$。其中，理性预期并不保证每个个体都有相同的预期，也不要求每个人的预期都正确无误，只要求理性预期所设定的预期误差的平均值为 0。在此假设条件下，式（7-10）可改写为：

$$E(w_i) = \tanh(\theta h + \theta J(I-1)^{-1} \sum_{i \neq j} E(w_j)) \qquad (7-11)$$

当上式对所有个体 i 均成立时，即满足了自我一直均衡[148]，此时 $E(w_i) = E(w_j) \forall i, j$。同时，由于全部个体选择的期望值既是群体平均选择水平，因此，可推导出非线性社会均衡等式，如式（7-12）所示。

$$m^* = \tanh(\theta h + \theta J m^*) \qquad (7-12)$$

其中，m^* 社会均衡等式的解，是指集体行为处在均衡状态下的平均选择水平，若转换为选择比例，则 $P^* = (m^* + 1)/2$。

　　根据上述结果，可推导出用以描述群体中成员在特定的"对群体平均选择水平的主观期望值$\overline{m}^e$"下的"群体平均选择水平$f(m)$，即行为临界值在$\overline{m}^e$以下的累计个体比例"，两者关系的反应曲线可表达为：

$$f(m) = \tanh(\theta h + \theta J \overline{m}^e) \qquad (7-13)$$

　　图7-8是以存在3个均衡解的类型作为例子（$\theta h > 0$，$\theta J > 1$），来描绘反应曲线。其中，m^*是反应曲线和45°线（$f(m) = \overline{m}^e$）的交点，表示平均选择水平是处于均衡状态。此模式可用以求得平均选择水平的多重均衡，而均衡解的数量是由参数θh和θJ的符号和大小来决定。图7-8中的m_+^*与m_-^*是表示在集体行为僵持的稳定均衡状态下的平均选择水平。其中，m_+^*是出于高福利水平的优势均衡，而m_-^*则是出于低福利水平的劣势均衡。另外，m_m^*是表示局部不稳定的状态，该点为平均选择水平的动态变化的转换点（turning point），称之为"临界质量"。

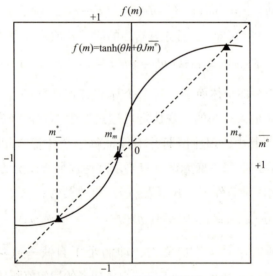

图7-8　以互动模式为基础的集体行为的反应曲线（以$\theta h > 0$，$\theta J > 1$为例）

三、计量经济的定式化

　　前文所述的互动模式，可以通过使用个体信息的计量经济方法加以估计。利用计量经济的定式化，能针对社会互动进行统计假设的检验并测量其效果，并且可以对整个模型加以检验。为正确地对政策干预效果进行评估，必须对"集体行为特性"的不同效果进行区分。以下将利用计量经济模型将前述的互动模型加以定式化。

1. 定式化的步骤

首先，假设个体可决定的个人效用 h_i 为线性函数形式：

$$h_i = b + c'X_i + d'Y \qquad (7-14)$$

其中：

X_i：个体的特定变量（individual-specific variable）的行向量；

Y：个体所属的参考群体的特定变量（reference-group-specific variable）的行向量（政策变量）；

b：常数项；

c、d：未知参数的行向量。

考虑到参数的可识别性，通过归一化将随机效用项的尺度参数设定为 $1(\theta=1)$，并将式（7-14）代入，个体 i 的二元选择模型（参见式（7-7）），以及个体 i 所属的参考群体的社会均衡等式（参见式（7-12））分别如下所示：

$$Prob(w_i) = \frac{\exp[w_i(b + c'X_i + d'Y + J\overline{m}^e)]}{\displaystyle\sum_{v_i \in [1,-1]} \exp[v_i(b + c'X_i + d'Y + J\overline{m}^e)]} \qquad (7-15)$$

$$\overline{m}^e = m^* = \int \tanh(b + c'X_i + d'Y + Jm^*)dF_{X_i|Y} \qquad (7-16)$$

其中，公式（7-16）中的 $dF_{X_i|Y}$ 表示：在给定的参考团体的特定变量 Y 的条件下，X_i 的经验概率分布。有关未知数（b，c'，d'，J），可通过极大似然估计来求得，其对数似然函数（log-likelihood function）如下所示：

$$LL = \sum_i \ln Prob(w_i) = \sum_i \ln\left\{\frac{\exp[w_i(b + c'X_i + d'Y + J\overline{m}^e)]}{\displaystyle\sum_{v_i \in [1,-1]} \exp[v_i(b + c'X_i + d'Y + J\overline{m}^e)]}\right\}$$

$$(7-17)$$

为了求得社会均衡等式的解 m^*，将估计得到的参数（b，c'，d'，J）代入社会均衡等式（7-16）；同时，为适用数值分析（numerical analysis）来求解，进一步推导约等式，如下所示：

$$m^* = \int \tanh(\hat{b} + \hat{c}'X_i + \hat{d}'Y + \hat{J}m^*)dF_{X_i|Y}$$

$$\approx \frac{1}{N}\sum_i \tanh(\hat{b} + \hat{c}'X_i + \hat{d}'Y + \hat{J}m^*) \qquad (7-18)$$

其中，N 是个体 i 所属的参考群体的样本总数。因此，可通过公式（7-18）来求解社会均衡等式，以掌握该群体的集体行为均衡状态，进而对其进行预测。

2. 识别问题

根据曼斯基 Manski（1993，2007）提出的形成"集体行为特性"的效果中，在本书中使用的模型可以识别内生效果和外生效果，其存在条件如下：

①当 $J \neq 0$，存在内生效果；

②当 $d \neq 0$，存在外生效果。

四、政策干预的目标设定与求解

以互动模式的社会均衡等式为基础，以摆脱"劣势均衡"为目的的政策干预进行分析。有关传统对集体行为的政策干预，由于缺乏衡量社会互动的预测模型（如传统离散选择模型），因此，在社会互动存在的场合下，将可能造成过弱或过强的政策干预。利用上述的互动模型，便能够克服这种问题。因此，通过引用"均衡转移"（藤井松，2001）、"社会乘数"（布兰克，1993）等概念，下文将对不同的政策干预程度进行比较，并提出有效的干预，同时，针对有效率的政策干预的求解进行探讨。

1. 存在社会互动下的政策干预

在社会互动效应存在下，某一政策干预前的社会状况可如图 7-9 中的曲线 0 所示；该现状点为 A_0，且将向社会均衡点 B_0 收敛，即处在多数人选择开车通勤（非合作行为）的社会困境状态。因此，若想要通过政策干预来达成集体行为的均衡转移，以消除社会困境时，其结构可能会有三种情况：

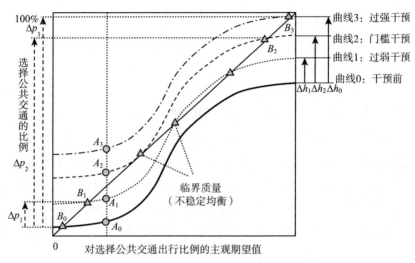

图 7-9　政策干预下集体行为的最终均衡状态

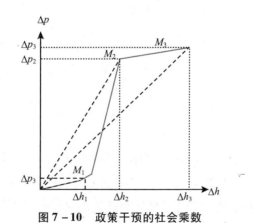

图 7-10　政策干预的社会乘数

（1）过弱干预（曲线 1）。

过弱干预的例子如图 7-9 的曲线 1 所示，即现状点因为受到干预导致"个人效用"产生 Δh_1 的变化，使现状点变为 A_1。由于收敛方向（向左）并未改变，因此会收敛至均衡点 B_1。虽然选择公共交通出行的比例有 Δp_1 的提升，但对以减轻社会困境为目的的政策干预而言，因为仍处于"劣势均衡"状态中，故可以视作无效干预。由此可知，过去的针对私家车出行所实施的政策干预难以收效的一个原因就是政策干预的强度不够。过弱干预所产生的社会乘数为：$M_1 = \Delta p_1 / \Delta h_1$（如图 7 - 10 所示）。

（2）过强干预（曲线 3）。

过强干预的例子如图 7 - 9 的曲线 3 所示，即现状点因受到干预而促使个人效用产生 Δh_3 的变化，使现状点变为 A_3。在这种情况下，除了"劣势均衡"被消除外，临界质量也同时消失，收敛方向发生改变，收敛到唯一的稳定均衡点 B_3。此时，因为收敛到"优势均衡"，社会困境已经得以改善。此干预虽然使选择公共交通工具的比例大幅度提升至 Δp_3，然而，就效率观点而言，因其已处在"边际效应递减"状态中，可认为资源过度投入（以极端例子而言，如将所有公交车全部变成轨道交通，或所有公交线路实现无缝连接等）。这类政策干预所产生的"社会乘数"为：$M_3 = \Delta p_3 / \Delta h_3$（如图 7 - 10 所示）。

（3）门槛干预。

门槛干预的例子如图 7 - 9 的曲线 2 所示，即现状点因受到干预而促使个人效用产生 Δh_2 的变化，使现状点变为 A_2。在这种情况之下，除了劣势均衡被消除外，曲线正好和 45°线相切，因此干预程度只要超过 Δh_2，作为切点的临界质量就会消失，进而收敛至唯一的稳定均衡点 B_2。此时，因收敛至优势均衡，社会困境得以改善。此政策干预将产生最大的"社会乘数"：$M_2 = \Delta p_2 / \Delta h_2$（如图 7 - 10 所示）。换句话说，达到均衡转移阈值的政策干预，将有最大的边际效用。若继续增加政策干预强度，将进入"边际效果抵减"的状态。因此，Δh_2 可称为均衡转移的阈值，下文令其为 Δh^*。由上述可知，门槛干预是边际效用最大化的政策干预，是政策效率性的体现。

通过上述讨论，可得出以下结论：①政策干预若无法达到特定的门槛，是不可能使集体行为产生相变的（布洛克，2001）。②若超出特定阈值，将造成政策投入的边际效用递减。因此，找出曲线 2 的阈值具有重要意义。下文将描述求解阈值 Δh^* 的方法，以及如何运用 Δh^* 和政策变量 Y 的系数 d'，来计算达成均衡转移阈值的政策干预量（即相较于现状的政策变量的水平，应额外增加的部分）。

图 7-10 中，灰色线条代表在特定的政策干预下产生的社会乘数 $M = \Delta p/\Delta h$，可见，最大的社会乘数为 M_2，说明采用门槛干预可以收到边际效用最大的效果。

2. 实现均衡转移门槛的政策干预求解

由于政策干预涉及个人效用的改变，因此，设定门槛干预所产生的个人效用变化为门槛值 Δh^*。在施加政策干预前，原先由政策变量所带来的净效用为 $\hat{d}'Y$；在政策干预后，则可设定为 $\hat{d}'Y + \Delta h^*$。因此，可以将社会均衡等式（7-18）中的 $\hat{d}'Y$ 替换为 $\hat{d}'Y + \Delta h^*$，即可转变为政策干预下的社会均衡等式，如公式（7-19）所示：

$$m'^* = \frac{1}{N}\sum_i \tanh(\Delta h^* + \hat{b} + \hat{c}'X_i + \hat{d}'Y + \hat{J}m'^*) \qquad (7-19)$$

其中，m'^* 是被"具有两个解"的条件所限制，如图 7-9 的曲线 2 所示。通过数值分析，可求解出"两个 m'^*"和"Δh^*"。m'^* 较小者为临界质量，而 m'^* 较大者则是政策干预后的社会稳定均衡点。

由于，$\hat{d}' = [\hat{d}_1, \hat{d}_2, \cdots, \hat{d}_n]$，因此，计算 $\Delta h^*/\hat{d}_k (k=1\sim n)$，其中，$\hat{d}_k$ 为第 k 个政策变量的参数值，可分别求得在各种政策变量（Y）下，能实现均衡转移门槛的政策干预量。因此，本章节可针对多数人开车通勤的社会困境，提出边际效用最大化且能使多数人转为乘坐公交车出行的政策干预。

第三节　模型变量设定与资料收集

通勤者无节制使用私家车属于一种社会困境，藤井（2001）提出：个人对社会困境有深刻的认知，当其内心有着为自己，同时也为公共利益考虑的想法时，将会积极参加、配合能解决此类问题的结构策略。在所有人都持同样动机之下来施行结构策略，才能够诱发人们的合作行为，使整个社会逐步向解决社会困境的方向前进。同时，滕井又指出，通过心理策略对社会困境的解决措施进行研究，就结果而言，他人的规范性的公共意识，对社会困境的削弱发挥着重要功效。由此可知，心理策略与结构策略同为解决社会困境的不可缺少的手段。

本章节利用发放调查问卷的方式，在大连市中心城区收集实证分析所需要的资料。本部分主要阐述各变量的设定方法及调研资料收集的细节，内容依次为：变量设定、资料收集。

一、模型变量设定

依照前文所述的"计量经济定式化"，下面将针对模型的备选方案的设定，以及个人效用和社会效用中的解释变量的设定进行说明。

1. 备选方案

将出行方式选择行为设定为二元选择模型，分别是：乘坐公共交通工具通勤（乘坐公交车或轨道交通工具出行，属合作行为，$w_i = 1$）、驾车通勤（属非合作行为 $w_i = -1$）。

2. 个人效用中的解释变量

个人效用的解释变量，可分为两部分来说明：①个体的特定变量（X_i）以及②参考群体的特定变量（Y）。

对于个体的特定变量，由于通勤者的出行特性变量可能会影响到出行方式的选择，因此本章节将第三章与第四章中所采用的出行特性变量纳入分析模型当中。例如，出行距离、上下班过程中有无停靠以及工作制（张志虎，2014；王靖雯，2010；杨丽雅，2012；潘驰，2012），这三种特性变量在前文中已经证明对个体的选择行为能够产生影响。

通勤者的出行决策，不仅受到个人的社会、经济属性以及出行特性变量的影响，还会受到出行者心理状态的影响。藤井（2008）通过一系列的实证研究，证明了心理因素对社会困境中"合作行为"的产生起着非常重要的作用。因此，本章节考虑可能影响出行方式选择行为的"道德意识""风险态度""利己信念"（福田大辅，2004）等属于潜在构面的心理因素纳入分析模型中。具体测量变量如表 7 - 1 所示。

表 7 - 1　　　　　　　　　　　　心理因素测量

潜在构面	测量变量	对应简称
利己信念	T1. 是不是可以满足时间上的要求 T2. 各种出行方式的费用情况 T3. 能不能体现我的身份地位	——准时性 ——经济性 ——虚荣心
道德意识	N1. 会不会对城市空气质量造成影响 N2. 会不会影响道路交通的顺畅 N3. 会不会影响到他人出行的便利与舒适 N4. 会不会影响社会的可持续发展 N5. 会不会给道路交通安全带来隐患	——空气质量 ——交通拥堵 ——出行便利 ——可持续发展 ——安全隐患
风险态度	C1. 会不会出现交通事故 C2. 会不会交通违章 C3. 会不会由于路上堵车而导致上班迟到	——肇事 ——违章 ——迟到

参考群体的特定变量是影响出行方式选择行为的参考群体的外生特征。在此，本章节设定为驾车出行的各种属性，令其作为政策变量以研究如何通过调整停车场的各种属性水平来促使人们选择公共交通出行。具体来说，就是通过设定停车收费水平以及停车场距离目的地的距离来评估政策变量的影响力度。

3. 社会效用中的解释变量

本章节设定为"个体对参考群体的公共交通平均选择水平"的主观期望值（$\overline{m^e}$），以下简称"群体平均选择水平"。其中，由于模型所需资料的形式与问卷调查时使用的数据形式有所差异，因此变量必须在平均选择水平（值域为 $[-1, 1]$）与选择比例（至于为 $[0, 1]$）之间进行转换。换句话说，在进行问卷调查时，为使受访者易于想象给定的情境，以群体选择比例（$\overline{p^e}$）的形式进行资料收集，而在导入模型时则需通过 $\overline{m^e} = 2\overline{p^e} - 1$ 将其转换为群体平均选择水平，以方便计算。综上所述，本章节采用的解释变量及其定义如表 7 - 2 所示。

表7-2　　　　　　　　　　　解释变量名称及定义

	变量名称		变量定义
个体的特定变量及心理因素（X_i）	出行特性变量	出行距离	出行距离≥10公里为1；≤10公里为0
		上下班停靠次数	途中有停靠为1，无停靠为0
		工作时制	固定工作时制为1，弹性工作时制为0
	心理因素	道德意识	通过因子分析计算出因子得点
		风险态度	通过因子分析计算出因子得点
		利己信念	通过因子分析计算出因子得点
参考群体的特定变量（Y）	停车费用		使用停车设施的费用，设定为5、10、15、30四个水平。单位：元/次
	步行距离		停车场到目的地的距离设定为50、150、250、350四个水平。单位：米
群体平均选择水平（$\overline{m}^e$）			对"参考群体的公共交通平均选择水平"的主观期望值，设定为（转换成选择比例的形式）：100%、90%、60%、30%四个水平

二、调查问卷设计

本部分的问卷调查内容包括：①通勤者的个人属性，包含性别、年龄、职业、收入、居住地区以及工作制等；②通勤者对出行方式选择时考虑因素的调查；③通勤者对交通政策的看法调查；④通勤者的导入社会互动效果的出行选择行为的SP调查。其中，②③采用李克特5级量表来调查通勤者的意向及看法，在④中为尽量避免问卷过长，利用正交实验法设计进行叙述性偏好调查，调查的属性及水平值如表7-3、表7-4所示。

表7-3　　　　　　　　　　SP调查的属性及水平值

	个体对参考群体的公共交通出行选择比例的主观期望	步行距离	停车收费水平
水平1	100%	50米	5元/次
水平2	90%	150米	10元/次

续表

	个体对参考群体的公共交通出行选择比例的主观期望	步行距离	停车收费水平
水平3	60%	250 米	15 元/次
水平4	30%	350 米	30 元/次

表 7 – 4　　　　　三因子四水平正交试验设计表

问卷编号	个体对参考群体的公共交通出行选择比例的主观期望	步行距离	停车收费水平
一	水平1（100%）	水平1（50 米）	水平1（10 元/次）
	水平1（100%）	水平2（150 米）	水平2（20 元/次）
	水平1（100%）	水平3（250 米）	水平3（40 元/次）
	水平1（100%）	水平4（350 米）	水平4（60 元/次）
二	水平2（90%）	水平1（50 米）	水平1（10 元/次）
	水平2（90%）	水平2（150 米）	水平2（20 元/次）
	水平2（90%）	水平3（250 米）	水平3（40 元/次）
	水平2（90%）	水平4（350 米）	水平4（60 元/次）
三	水平3（60%）	水平1（50 米）	水平2（20 元/次）
	水平3（60%）	水平2（150 米）	水平1（10 元/次）
	水平3（60%）	水平3（250 米）	水平4（60 元/次）
	水平3（60%）	水平4（350 米）	水平3（40 元/次）
四	水平4（30%）	水平1（50 米）	水平2（20 元/次）
	水平4（30%）	水平2（150 米）	水平1（10 元/次）
	水平4（30%）	水平3（250 米）	水平4（60 元/次）
	水平4（30%）	水平4（350 米）	水平3（40 元/次）
五	水平1（100%）	水平1（50 米）	水平4（60 元/次）
	水平1（100%）	水平2（150 米）	水平3（40 元/次）
	水平1（100%）	水平3（250 米）	水平2（20 元/次）
	水平1（100%）	水平4（350 米）	水平1（10 元/次）

问卷编号	个体对参考群体的公共交通出行选择比例的主观期望	步行距离	停车收费水平
六	水平2（90%）	水平1（50米）	水平4（60元/次）
	水平2（90%）	水平2（150米）	水平3（40元/次）
	水平2（90%）	水平3（250米）	水平2（20元/次）
	水平2（90%）	水平4（350米）	水平1（10元/次）
七	水平3（60%）	水平1（50米）	水平3（40元/次）
	水平3（60%）	水平2（150米）	水平4（60元/次）
	水平3（60%）	水平3（250米）	水平1（10元/次）
	水平3（60%）	水平4（350米）	水平2（20元/次）
八	水平4（30%）	水平1（50米）	水平3（40元/次）
	水平4（30%）	水平2（150米）	水平4（60元/次）
	水平4（30%）	水平3（250米）	水平1（10元/次）
	水平4（30%）	水平4（350米）	水平2（20元/次）

第四节　调查样本数据分析

本章节针对大连市中心城区所收集到的样本资料进行统计分析，借此了解实证区域通勤者的各种属性及出行方式选择问题的背景。本部分内容依次为：通勤者的个人属性、通勤者的出行方式选择现状以及出行者的意识构造分析。

一、通勤者的个人属性

通勤者的个人属性调查结果如图7-11～图7-14所示。在性别方面，男性占65%，女性占35%。在年龄方面，20～29岁的受访者占15.4%，30～39岁占37.8%，40～49岁占31.7，其余为50岁以上者。在职业方面商业人员占36.3%，政府及事业单位人员占26.4%，服务业人员占15.7%，工业企业人员上 7.9%，自由职业者占 8.5%。在年收入方面，3 万元以下占 4%，3 万~5 万元者占 25.5%，5 万~8 万元者占 42.3%，8 万~12 万元者占 19.8%，其余为收入超过 12 万元的出行者。从上述分析可知，城市中心区的通勤者主要为商业、服务业以及政府工作人员，他们的年均收入水平集中在 10 万元以下，因此，停车收费会对其造成一定的经济负担。另外，从居住地点方面分析，通勤者主要来自市内四区（67.6%）以及高新园区（17.5%）。

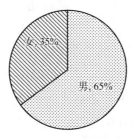

图 7 - 11　性别构成

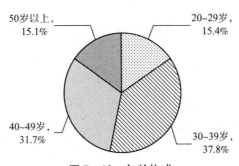

图 7 - 12　年龄构成

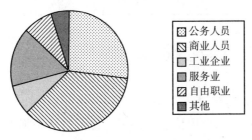

图 7 - 13　职业构成

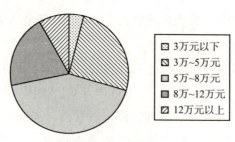

图 7 - 14   年收入构成

二、驾车通勤者的停车后步行距离调查

有关"停车后步行距离"与"可接受的最大步行距离"的调查结果以及两者的交叉分析如表 7 - 5 所示。其中，深色底纹部分表示停车后步行距离超过可接受最大步行距离的受访者比例，合计 11.7%，即多于 88.3% 的受访者会将车辆停放在自己可接受的最远步行距离内。因此，调查驾车通勤者"可接受最大步行距离"，是在交通政策制定时不可或缺的重要项目。

表 7 - 5   停车后步行距离超过可接受最大出行距离的分析

		可接受的步行距离				
		150 米以内	150 ~ 250 米	250 ~ 350 米	超过 350 米	合计
停车后 步行距离	150 米以内	13.2%	12.6%	14.2%	21.1%	61.1%
	150 ~ 250 米	3.2%	3.7%	5.8%	8.4%	21.1%
	250 ~ 350 米	3.7%	3.2%	3.2%	4.7%	14.7%
	超过 350 米	1.1%	0%	0.5%	1.6%	3.2%
	合计	21.1%	19.5%	23.7%	35.8%	100%

三、出行者的意识构造分析

1. 出行方式选择时的考虑因素

为了了解通勤者的意识构造，以下对出行方式选择的考虑因素从利己信念、道德意识及风险态度三方面，利用李克特 5 级量表进行调研，得分情况见表 7 - 6。

表 7 - 6　　　出行方式选择的考虑因素的调查题项及得分

	出行方式选择时的考虑因素	得分	标准差
利己信念	T1. 出行方式能不能满足时间上的要求	4.19	0.75
	T2. 出行成本的高低	4.07	0.71
	T3. 能不能体现我的身份地位	4.03	0.89
道德意识	N1. 会不会对城市空气质量造成影响	3.16	1.04
	N2. 会不会影响道路交通的顺畅	4.00	0.79
	N3. 会不会影响到他人出行的便利与舒适	3.72	0.97
	N4. 会不会影响社会的可持续发展	3.97	0.88
	N5. 会不会给道路交通安全带来隐患	3.89	0.83
风险态度	C1. 会不会出现交通事故	4.29	0.93
	C2. 会不会出现交通违章	4.10	0.98
	C3. 会不会由于路上堵车而导致上班迟到	4.32	0.84

由图 7 - 15 可知, 除了 N1 (会不会对空气质量在成影响) 以外, 其余因素都有半数以上的受访者会考虑或绝对会考虑, 由此可知, 空气质量的保护是驾车出行者经常忽略的因素。

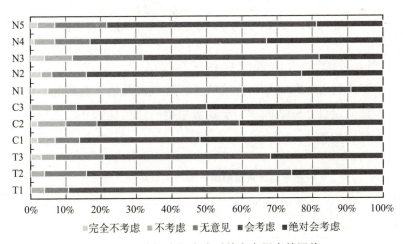

图 7 - 15　选择出行方式时的考虑因素的评价

另外，将完全不考虑、不考虑、无所谓、会考虑以及绝对会考虑依次以1~5分来计分，求各项考虑因素的平均值与标准差，见图7-16，得分高说明受访者选择出行方式时普遍会考虑的因素。平均值前五位依次为：C3（会不会由于路上堵车而导致上班迟到）、C1（会不会出现交通事故）、T1（出行方式能不能满足时间上的要求）、C2（会不会出现交通违章）以及T2（出行成本的高低）。标准差最大者为N1（会不会对城市空气质量造成影响），达到1.04，表示受访者之间对C1项的重视程度差异性较大；而最小者为T2（出行成本的高低），仅为0.71，表示受访者对该项的重视程度较为一致。

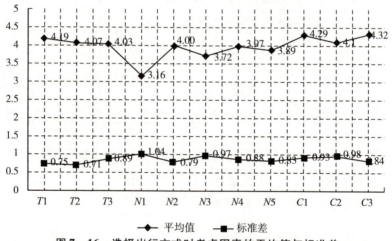

图7-16　选择出行方式时考虑因素的平均值与标准差

2. 对驾车通勤负面影响认知

为了解通勤者对私家车出行给社会、环境以及他人造成的不便或负面影响，本部分设计了6个问项，受访者根据自己的认知从李克特5级量表中进行选择，如表7-7所示。

表7-7　　　　　对驾车出行负面影响认知的调查题项及得分

对驾车出行负面影响认知	平均值	标准差
P1. 驾车出行会造成空气污染	3.74	0.83
P2. 驾车出行占用公共资源，造成社会不公平	3.91	0.76

续表

对驾车出行负面影响认知	平均值	标准差
P3. 驾车出行会带来交通安全隐患	4.11	0.77
P4. 驾车出行对交通顺畅产生负面影响	3.90	0.78
P5. 驾车出行对社会可持续发展有负面影响	4.00	0.85
P6. 驾车出行会对社会、环境及他人造成困扰	3.98	0.81

　　受访者对驾车出行负面影响的认知的调查结果如图 7 – 17 所示。可见，多数受访者都认识到在城市中心区域驾车出行已经造成许多问题。通过表 7 – 7 可知，受访者所认识到较为严重的情形是 B3（驾车出行会带来交通安全隐患），其次为 B5（驾车出行对社会可持续发展有负面影响）。各题项的标准差显示受访者对驾车出行负面影响的认知较为一致。

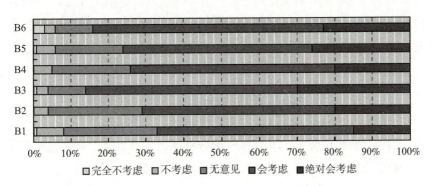

图 7 – 17　对驾车出行负面影响认知的评价

第五节　考虑社会互动效果的出行方式选择行为模型

　　本部分利用问卷调查所收集到的资料，构建引入社会互动效果的出行方式选择行为的实证模型，并以此为基础，来分析出行方式选择行为的影响变量。本部分内容依次为：因子模型建立与评估结果；出行方式选择行为模型的评估结果；变量影响分析。

一、验证性因子分析模型建立与估计

在评估"出行方式选择行为模型"之前，必须先对模型中作为解释变量的潜在构面（心理因素：风险态度、道德意识、利己信念），进行"验证性因子分析"来评价因子结构的良莠。通过不同因子模型的整体适配度比较，可以构造较好的因子模型来计算因子得分，进而得到用以引入选择模型中解释变量。依据 Noar（2003）对建立多个竞争的因子模型的建议，本章节针对表7-1 所示的变量建立以下4种模型：①虚无模型（作为比较的基准模型）；②单因子模型；③正交因子模型；④斜交因子模型。各竞争模型估计结果如表7-8 所示（使用软件 Amos17.0 分析所得）。从分析结果可知④斜交因子模型的因子结构具有较好的适配结果，显示其假设结构与调研数据的拟合情况较好。模型④意味着，这组测量变量可分为三个不同的构面，且构面间彼此相关而隐含了存在高阶模型的可能性。另外，针对模型④的测量系数，发现其都达到显著水平，可知测量变量都能反映相对应的潜在构面。在针对个别构面下各测量变量的标准化系数（即标准化因子负荷量），若以≥0.5 为标准（Hair，2010），可知道德意识对各测量变量都有不错的解释能力，而利己信念对出行"准时性"的解释能力较好，风险态度则对交通违章和交通事故的解释较好。有关标准化系数和构面间的相关系数，及其显著性参见图7-18。综上所述，在模型整体适配度和内在结构适配度方面，本章节通过模式④的因子得分权重（如表7-9 所示），来计算三个属于潜在构面的心理因素的因子得分，即可将心理因素引入出行方式选择模型中。

表7-8 　　　　　　　　 几种因子模型的整体适配度评价

模型	χ^2/df 卡方自由度比	GFI 适配度指标	RMSEA 近似误差均方根
虚无模型	10.68	0.55	0.23
单因子模型	4.23	0.85	0.13

续表

模型	χ^2/df 卡方自由度比	GFI 适配度指标	RMSEA 近似误差均方根
直交因子模型	3.35	0.88	0.11
斜交因子模型	2.67	0.91	0.09
适配度良好的标准	1~3	>0.90	≤0.08

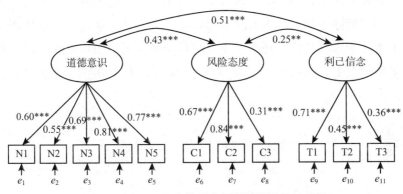

图 7-18　心理因素的斜交因子模型及估计结果

注：各测量变量的名称对照表 5.1，标识的系数值为标准化系数；
　　标记为 ** 表示达到 0.05 的显著水平，*** 表示达到 0.01 的显著水平。

表 7-9　　　　　　　　心理因素的斜交因子模型的因子得分权重

	T1	T2	T3	N1	N2	N3	N4	N5	C1	C2	C3
利己信念	0.175	0.406	0.056	0.009	0.009	0.016	0.030	0.025	0.044	0.018	0.011
道德意识	0.014	0.031	0.004	0.084	0.077	0.140	0.273	0.227	0.010	0.004	0.002
风险观念	0.006	0.014	0.002	0.017	0.016	0.029	0.056	0.047	0.381	0.154	0.092

二、出行方式选择行为模型的估计结果

由于该模型属于二元选择模型，因此将所有解释变量都指定为"选择

公共交通工具"的特定变量，以便判别变量对方案的影响。在此情况下，变量的参数序号为正的，表示该变量对个体选择公共交通工具的概率有正向影响，反之，符号为负表示有负向的影响。此外，本章节调查的有效受访者为192人，由于本章节利用正交设计法来调查每位受访者在4组情境下的方案选择，因此，用来估计模型的样本数共计768。

本章节共建立四种模型，估计的结果如表7-10所示。模型一为未考虑个人属性的模型；模型二是加入了个人属性的出行特型变量作为解释变量；模型三则除了加入个人属性的出行特性变量外，还加入了以往相关研究较少关注个人属性的心理因素作为解释变量。模型四则为在考虑所有解释变量的情况下，经删除不显著（未达到0.1显著水平）的变量后，所形成的模型。

表7-10　　　　　　　　　　出行方式选择行为模型估计结果

变量名称			参数	模型一		模型二		模型三		模型四	
				参数值	t值	参数值	t值	参数值	t值	参数值	t值
个体的特定变量及心理因素 (Xi)	出行特性变量	出行距离 ($x1i$)	c'	—	—	− 0.2050	− 1.17	− 0.2489	− 1.4	—	—
		停靠次数 ($x2i$)		—	—	− 0.3296 *	− 1.90	− 0.3133 *	− 1.77	− 0.3416 **	− 1.98
		工作时制 ($x3i$)		—	—	0.5436 ***	1.96	0.4360 *	1.91	0.4036 *	1.84
	心理因素	道德意识 ($x4i$)		—	—	—	—	0.3918 *	1.79	0.3681 **	2.36
		风险态度 ($x5i$)		—	—	—	—	0.4270 *	2.18	0.4563 **	2.56
		利己信念 ($x6i$)		—	—	—	—	− 0.1224	− 0.46	—	—
参考群体的特定变量/政策变量 (Y)		步行距离 ($y1$)	d'	0.0055 ***	6.83	0.0056 ***	6.88	0.0057 ***	6.94	0.0056 ***	6.99
		停车费用 ($y2$)		0.0921 ***	7.37	0.0941 ***	7.43	0.0963 ***	7.48	0.0951 ***	7.55
群体平均选择水平 ($\overline{m^c}$)			J	1.0824 ***	6.70	1.0983 ***	6.71	1.0552 ***	6.35	1.0510 ***	6.37

续表

变量名称	参数	模型一		模型二		模型三		模型四	
		参数值	t 值	参数值	t 值	参数值	t 值	参数值	t 值
常数项	b	2.3834 ***	8.91	2.8478 ***	9.16	0.6001	0.75	—	—
样本数		768		768		768		768	
LL (0)		−532.337		−532.337		−532.337		−532.337	
LL (β)		−422.469		−413.994		−405.601		−406.783	
ρ^2		0.206		0.222		0.238		0.236	
$\overline{\rho^2}$		0.197		0.207		0.217		0.221	

注：标记 * 为达到 0.1 显著水平；** 为达到 0.05 显著水平；*** 为达到 0.01 显著水平。

从表 7 – 10 可知，模型一显示了在"未考虑个人属性"情况下，模型的解释能力并不好，其 $\overline{\rho^2}$（调整后的概似比指标）没有达到 0.2 的模型适配良好的标准。因此，通过加入个人属性的出行方式选择特性变量得到模型二，其与模型一相比，对数概似值（$LL(\beta)$）产生了显著的改变（利用概似比检验来判断：$16.9 > \chi^2_{3,0.05} = 7.8$）；另外，在加入个人属性中的心理因素后，得到模型三，其 $LL(\beta)$ 也有显著改变（$16.8 > \chi^2_{3,0.05} = 7.8$），且 ρ^2（概似比指标）显示模型已具备不错的解释能力。但在模型三中仍存在不显著的解释变量，因此，通过删除不显著的变量来得到更加简洁的模型四。通过结果分析，本章节将以模型四作为最终模型，在下一节变量影响分析中说明各解释变量对出行方式选择行为的影响，另外，其参数估计结果将用来进行下一节"政策干预下集体行为的均衡转移"的分析。

三、模型变量影响分析

下文将通过模型四来分析解释变量对出行方式选择行为的影响。个体的特性变量（$x_{1i} \sim x_{6i}$）显示了各种个人属性产生的影响。首先，将说明出行方式选择特性变量的影响。其中，"工作制"的参数符号显示，固定工作制（朝八晚五）的通勤出行者，会倾向选择"公共交通出行"，这可能是因为多次停放而产生的累积停车费用，该结果和一些相关研究一致（关宏志，2008）。另外，由于固定工作制出行者对公共交通工具的班次、线路以及换乘信息十分了解，因此更加倾向于选择公共交通。另外，从"停靠次数"的参数符号可知，停靠次数多的出行者更加倾向于驾车通勤，可能是因为驾车出行具有很强的便利性，对目的地的变更调整具有很好的适应性，而公共交通由于线路固定，在多次停靠的出行链中存在多次候车、换乘、调整出行路线等烦琐的环节，因而，在此种情况下选择驾车出行的倾向性更高。

在个体特定变量的心理因素中，参数符号显示拥有较高的道德意识的出行者，更加倾向选择公共交通出行，以避免造成他人利益或公共利益的损害。在风险态度上，风险回避者（risk-averts）相对于风险追逐者（risk-lovers），更加倾向于公共交通工具，以避免驾车出行可能造成的交通事故、交通违章以及上班迟到等损失的风险。

参考群体的特定变量显示，随着驾车出行的步行距离及停车费用的增加，选择驾车出行的倾向将降低。因此，这些变量可被用来作为政策评估的变量，即通过提高停车设施的收费水平以及增加停车设施至目的地的距离等措施来提高通勤者使用公共交通工具的比例。

在群体平均选择水平（$\overline{m^e}$）方面，该变量对出行方式选择行为有着显著的正向影响。值得注意的是，其参数 J 是用以衡量个体行为间依存的程度，而从模型计算结果可知该值大于1，说明：通勤者选择行为上，因个体行为间存在着强社会互动（$J > 1$），而有着高度遵从他人的倾向；该行为的平均选择水平（集体行为）有存在多重均衡的可能。这些发现对于政策干预对出行方式选择行为的影响，起着重要的作用。

最后，针对从模型三转变为模型四的过程中，所删除的不显著的变量进行讨论。"出行距离"由于显著性水平不达标而未被纳入模型四中，由模型二与模型三的参数值符号可以看出，出行距离超过 10 公里的相较于小于 10 公里的出行者更加倾向于选择驾车出行，这可能是长距离出行时人们更加注重舒适性与快捷性，而公共交通的舒适性与快捷性要远逊于私家车。但是另外一些出行者则认为长距离驾车出行的出行成本过高（考虑油品消耗），更希望乘坐票价低廉的公共交通工具。利己信念也未对出行方式选择行为产生显著影响。利己信念构面主要涉及准时性、经济性及虚荣心要素。公交出行在经济性方面由于付出少而占有优势，但驾车出行在时间节省方面占有优势，因而很难确定哪种选择更加利己。

通过因子分析，加入以往研究较少涉及的心理因素（道德意识、风险态度及利己信念），并通过模型估计，证明了心理因素对出行方式选择行为具有一定程度的影响，且能增进模型的解释能力。另外，模型估计的结果显示出行者有着遵循其他出行者的出行方式的倾向，且该社会互动的强度使集体行为有存在多重均衡的可能。因此，在政策干预上，有必要对集体行为如何达成均衡转移加以评估，以削减社会困境。

第六节 政策干预下集体行为的均衡转移

通过前一部分的出行方式选择行为可知，个体的出行方式选择行为会受到社会互动的显著影响，此外，该行为结果存在多重均衡。在评价用以削弱大量私家车过度使用的社会困境的政策干预时，必须将这些结果纳入考察范围。因此，本部分首先，对目前出行方式选择的集体行为进行均衡分析，借此了解该行为在受到社会互动影响时产生的倾向；其次，若分析结果显示需要大幅调整驾车通勤出行行为，则针对达成均衡转移的阈值进行分析；最后，以阈值作为依据，进行政策干预的评估。

一、集体行为均衡转移

在评估政策干预对集体行为的影响之前，必须先通过社会均衡等式来检验实证地区中以通勤者为主体的调查母体，目前所处的均衡状态。利用社会均衡等式进行定式化多得到的公式（7-18），若将其中的"平均选择水平［-1, 1］"转换为"选择比例［0, 1］"，社会均衡等式可改造为：

$$p^* = \frac{1}{N} \times \sum_i \tanh(\hat{b} + \hat{c}'X_i + \hat{d}'Y + \hat{J}p^*) \qquad (7-20)$$

为简化之后进行政策干预评估时数值分析的求解过程，同时，使社会均衡等式保有双曲正切函数 $\tanh(\cdot)$ 的特性，因此尝试将式（7-20）改写为如下近似式：

$$p^* = \tanh\left(\frac{1}{N} \cdot \sum_i (\hat{b} + \hat{c}'X_i + \hat{d}'Y + \hat{J}p^*)\right) \qquad (7-21)$$

为确保以式（7-21）代替式（7-20）时不会存在太大的误差，因此下面将对两公式的关系进行分析。首先，将与式（7-20）、式（7-21）对应的集体行为的反应曲线，分别展开如下式所示：

$$f(p) = \frac{1}{N} \times \sum_i \tanh(\hat{b} + \hat{c}'X_i + \hat{d}'Y + \hat{J}\hat{p}^e) \qquad (7-22)$$

$$f(p) = \tanh\left(\frac{1}{N} \times \sum_i (\hat{b} + \hat{c}'X_i + \hat{d}'Y + \hat{J}\bar{p}^e)\right) \qquad (7-23)$$

利用式（7-20）、式（7-21）分别计算各 $\bar{p}^e$ 值（以 10% 为间距）下的 $f(p)$ 值，如表 7-11 所示。表 7-11 中的选择比例差异，是式（7-20）与式（7-21）在各 $\bar{p}^e$ 值下，$f(p)$ 值的差值绝对值的平均数；由此可知，若采用式（7-23）来推算公共交通出行的选择比例，从均值角度看，可能与原定式化所得到式（7-22）之间有 2.51% 的差异。为进一步考察近似方法的适用性，可将 $f(p)$ 值转换为未累积的百分比分布。进而，可以进行卡方同质性检验（chi-square homogeneity test），来检验分别以式（7-22）与式（7-23）为基础的两组资料的分布是否相同。检验结果指出两者的分布并无显著性差异。因此，以下将利用近似方法对公式（7-21）与公式（7-23）进行集体行为的均衡分析。

表 7-11 原定式化与近似定式化的比较分析

$\bar{p}^e$	选择比例 $f(p)$ (累积百分比)		百分比		次数	
	(7-22)	(7-23)	(7-22)	(7-23)	(7-22)	(7-23)
0.00%	4.05%	2.76%	4.05%	2.76%	8	5
10.00%	5.96%	4.15%	1.91%	1.38%	4	3

续表

$\overline{p}^e$	选择比例 $f(p)$（累积百分比）		百分比		次数	
	(7－22)	(7－23)	(7－22)	(7－23)	(7－22)	(7－23)
20.00%	8.63%	6.18%	2.68%	2.03%	5	4
30.00%	12.28%	9.11%	3.64%	2.93%	7	6
40.00%	17.05%	13.24%	4.78%	4.13%	9	8
50.00%	23.04%	18.86%	5.99%	5.62%	11	11
60.00%	30.17%	26.14%	7.13%	7.28%	14	14
70.00%	38.21%	35.02%	8.04%	8.88%	15	17
80.00%	46.79%	45.07%	8.57%	10.05%	16	19
90.00%	55.42%	55.54%	8.63%	10.47%	17	20
100.00%	63.66%	65.54%	8.24%	10.00%	16	19
选择比例差异	2.51%		—		—	
卡方同质性检验	—		—		$\chi^2 = 1.90 < \chi^2_{10,0.05} = 18.31$	

为推算集体行为的均衡，将模型四（见表7－10）的参数估计结果代入社会均衡等式（7－21）中的 $(\hat{b}, \hat{c}', \hat{d}', \hat{J})$，同时，将个体的特定变量的值以及参考群体的特定变量（政策变量）的值分别代入社会均衡等式中的 (X_i, Y)（参数值参考表7－12）。然后，利用软件 Matlab 对该式中的均衡状态下的选择比例（P^*）进行数值分析。

表7－12　　个体的特定变量的平均值以及参考群体的特定变量值

个体特定变量的平均值（$\overline{X}_i$）			参考群体的特定变量（Y）		
停靠次数	工作时制	道德意识	风险态度	步行距离	停车费用
0.46	0.79	3.58	3.96	180	17

在停靠次数、工作时制、道德意识以及风险态度等个体的特定变量方

面，是计算问卷调查获得的数据的平均值。而在步行距离与停车费用等参考群体的特定变量方面，由于本书给定受访者的情境，属于叙述性偏好数据，因此其数值并非通过问卷调查的数据来计算，步行距离是通过数字网格化地图来测量每个网格中心点到最近的路外停车场的平均直线距离。停车费用则是实证地区路外停车场的平均收费水平。

通过上述的方法，便可求得均衡状态下公共交通出行的选择比例，如图 7 - 19 所示。图 7 - 19（a）展示了 $\tanh(\cdot)$ 函数的形态，以及基于 $\tanh(\cdot)$ 函数的反应曲线的定义范围。通过将"平均选择水平 [- 1，1]"转换为"选择比例 [0，1]"，并将图 7 - 19（a）的反应曲线的定义范围放大来看，即为图 7 - 19（b），显示了均衡状态下公共交通出行的选择比例 $p^* = 3.1\%$，且其是唯一解，而图中的曲线即为集体行为的反应曲线。其中，▲表示集体行为的均衡点 p^*，●则表示集体行为的现状点，两者不完全一直的原因是由于某些外部因素对个体行为产生的扰动（鲍尔，2006）。但是，并不影响集体行为向均衡点收敛。换言之，政府交通管理部门对此现状若不加干预，很难期待通勤者会倾向于利用公共交通出行，反而驾车出行的情况会愈演愈烈，并因社会互动效果而僵持在劣势均衡状态（社会困境）。

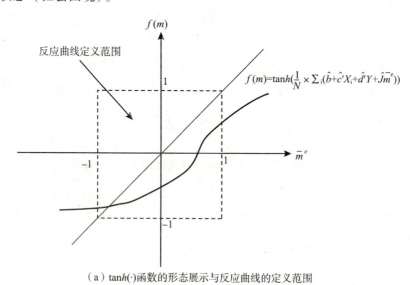

（a）$\tanh(\cdot)$函数的形态展示与反应曲线的定义范围

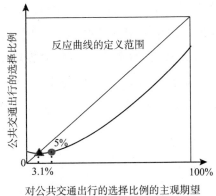

（b）反应曲线的分析

图 7 – 19　集体行为的反应曲线

注：从图（a）的平均选择水平转换为图（b）的选择比例的公式为：横轴：$\overline{p}^e = (\overline{m}^e + 1)/$
2；纵轴：$f(p) = (f(m) + 1)/2$。

二、均衡转移的阈值分析

针对大连市中心城区出行方式选择行为的社会困境，有必要通过政策干预来进行缓解。政策干预评估的重点在于如何使集体行为转移至优势均衡。在此，政策干预等同于提升个体选择公共交通出行的个人效用（h_i），因此，将达到均衡转移所需要增加的效用的阈值（Δh^*，简称"阈值"）纳入式（7 – 21）中，即成为政策干预下的社会均衡等式，如式（7 – 24）所示：

$$p'^* = \tanh\left(\frac{1}{N} \times \sum_i (\Delta h^* + \hat{b} + \hat{c}'X_i + \hat{d}'Y + \hat{J}p'^*)\right) \quad (7-24)$$

其中，p'^* 是被具有两个解的条件所限制，通过数值分析可以求解出 p'^* 和 Δh^*。其结果如图 7 – 20 所示。图 7 – 20（a）展示了 $\tanh(\cdot)$ 函数形态，以及基于 $\tanh(\cdot)$ 函数的反应曲线的定义范围。通过将平均选择水平 [– 1，1] 转换为选择比例 [0，1]，并将图 7 – 20（a）的反应曲线的定义范围放大来看，即为图 7 – 20（b）显示了个体选择公共交通出行的效用若增加 Δh^*（0.737），该反应曲线将呈现出和 45°线有两个交点（均衡点）的特殊情况。其中，选择比例较低者（39%）为临界质量，较高者（71.4%）为优势均衡。意味着，当通过政策干预使个体选择公共交通出行的效用增加量仅略大于 Δh^*（0.737）时（图7-20（b）中作为切点的临界质量立即消失），原本会僵持在劣势均衡（$p^* = 3.1\%$）的公交出行比例将会转移至多数人会选择公交出行的优势均衡（$p'^* = 71.4\%$）状态，从而缓解社会困境。反之，政策干预若无法达到此阈值，

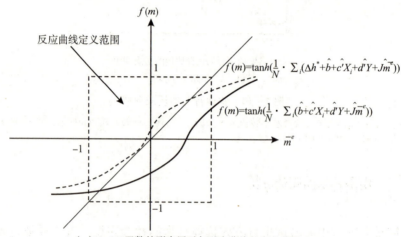

（a）$\tan h(\cdot)$ 函数的形态展示与反应曲线的定义范围

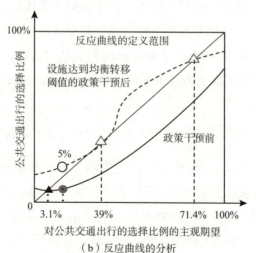

（b）反应曲线的分析

图7-20　集体行为的均衡转移

注：从图（a）的平均选择水平转换为图（b）的选择比例的公式为：

横轴：$\bar{p}^e = (\bar{m}^e + 1)/2$；纵轴：$f(p) = (f(m) + 1)/2$。

将不会使集体行为产生均衡转移。而当政策干预超出此阈值，则将开始产生政策投入的边际效果递减。由此可知，阈值 Δh^*（0.737）为目标，对政策干预量进行评估。在此，需要注意的是，因为 Δh^* 是被纳入 $\tanh(\cdot)$ 函数内，故纳入 Δh^* 后的反应曲线，并非将原反应曲线平行上移，而是依照函数的特性产生变化。

三、政策干预评估

在政策干预前，政策变量带给个体选择公共停车出行的效用为 $\hat{d}'Y$，政策干预后则为 $\hat{d}'Y + \Delta h^* = \hat{d}'(Y + (\Delta h^*/\hat{d}'))$。换言之，将 Δh^* 除以政策变量的参数值，即可得到能达成均衡转移阈值的政策干预量。因此，对应于表 7 – 10 中的模式四的政策变量（Y），在此假定政府能通过规划手段调整停车场到目的地的步行距离、调整停车设施的收费水平等单一政策或政策组合，来作为政策干预的手段，便能对干预量加以评估。另外，本书也尝试通过前置变量的设定，来对道德意识的影响进行评估。

1. 单一政策评估

（1）调整停车设施与出行者目的地之间的距离。

将阈值 0.737 除以步行距离的参数 0.0056，约为 132（米）。若设每 10 米为一个干预单位，干预量则为 140 米。现状值（180 米）+ 干预量（140 米）= 320 米，因此若能通过停车场规划将停车场到目的地的距离增加为 320 米以上，将因达到集体行为的均衡转移阈值而使公共交通出行比例提升至 71.4%。不过，由于实证地区是属于城市中心区，欲将步行距离增加到 320 米以上，除非现有交通规划政策能更有效地对停车设施的布局进行修正，否则将面临成本及土地取得上的困难。因此，当通过调整停车场位置以提高步行距离时，可考虑搭配其他政策一并实施。

（2）调整停车设施的收费水平。

将阈值 0.737 除以固定费用的参数 0.0951，约为 7.7（元）。若设定每 1 元为 1 个干预单位，干预量应为 8 元。现状值（17 元）+（干预量）8 元 = 25 元，因此，若将停车设施的平均收费水平提高至 25 元/次以上，将因达到集体行为的均衡转移阈值而使公共交通出行的比例提升到约71.4%。政府可考虑直接定价或提高停车税率为手段集体行为的均衡转移达到阈值。

有关以上（1）和（2）的政策干预，即加大步行距离和提高停车收费水平所产生的效果，分别如图7-21及图7-22所示。横轴分别代表实施不同程度的政策干预，即步行距离和停车费用的增加量；纵轴则为在特定的干预程度下，公共交通出行的增加比例。图7-20及图7-21显示，当政策干预达到阈值时（步行距离增加140米或停车收费增加8元），边际效果将为最大。

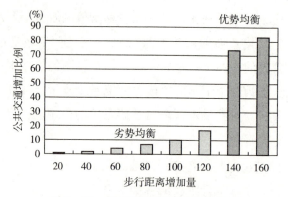

图 7-21　步行距离的政策干预效果

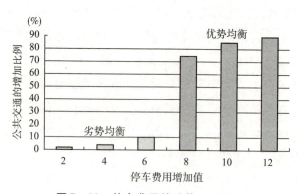

图 7-22　停车费用的政策干预效果

2. 组合政策评估

（1）步行距离、停车费用的组合政策阈值分析。

由于单纯依赖停车设施规划建设手段将步行距离平均值增加到320米以上是很难做到的，因此仅以步行距离的单一政策并不易达到均衡转移的阈值，所以应同时考虑调整停车设施的收费标准。以政策组合来达到均衡转移阈值分析，如图7-23所示。图中组合政策的阈值线左下方的范围表示无法达到均衡转移的政策干预组合；相反右上方的范围则为可达到均衡转移的政策干预组合。同样可以推断，以略处于阈值线右上方的组合进行政策干预，因达到了集体行为的均衡转移阈值，能带来最大的边际效果（公共交通出行比例提升到71.4%）。

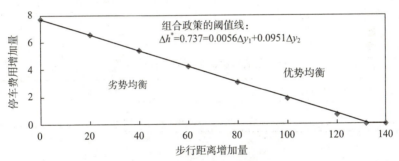

图7-23　步行距离、停车费用的组合政策阈值分析

（2）考虑心理因素中的道德意识的评估。

本书在此尝试评估心理因素中的道德意识对出行方式选择的影响。由模型估计的结果可知，拥有较高道德意识者，会倾向选择公共交通出行。然而，若针对改变道德意识所获得的政策绩效进行评估，则必须依赖可操作且被证实彼此间具有因果关系的前置变量，才能设定政策的目标。因此，以此将先将考察过去相关的研究以建立影响道德意识的因果模型。

规范激活理论（Schwartz, 1977）曾提到：为了激活人们的道德意识，就必须对现状问题的严重性有相当程度的认识，这些认识被称为"重要性认知"（perceived importance）。因此，本书假设"重要性认知"会正向影响"道德意识"。

另外，藤井（2001）曾提及，要解决因人们注重"个人利益"而产生的社会困境问题，必须使人们对社会困境有着深切的认识，才能使其有"维护公共利益的同时也是维护了个人利益"的想法；同时，在针对解决社会困境问题的"期待理论"中提及了：当社会成员认知到社会困境的结构，才会认识到这是一个影响深远的问题，因而产生以个人利益为动机来提升公共利益。综上所述，本书设定"社会困境认知"会正向影响"重要性认知"和"道德意识"。

为检验因果模式整体的设定、各个假设是否正确，以及为得出因果关系的影响效果，本书采用结构方程模型来进行检验，使用软件为 Amos 17.0。另外，道德意识的测量可参见先前的表 7 – 1；而重要性认知和社会困境的测量方式见表 7 – 13。

表 7 – 13　　　　　　　　　重要性认知和社会困境认知的评估

变量	测量方式	测量变量
感知重要度	请受访者就目前的市中心区域出行方式选择状况，评估已产生的各种负面影响或困扰（P1 ~ P6）的认同程度；各题项通过李克特 5 级量表来测量	P1. 出行方式会造成空气污染 P2. 出行方式占用公共资源，造成社会不公平 P3. 出行方式会带来交通安全隐患 P4. 出行方式对交通顺畅产生负面影响 P5. 出行方式对社会可持续发展有负面影响 P6. 出行方式会对社会、环境及他人造成困扰
社会困境认知	调查受访者的出行方式选择方式，并让受访者就自身的出行方式，以李克特 5 级量表评估个人的行为对社会环境和他人造成负面影响的认同程度，以此来衡量社会困境认知。出行方式为"驾车"且认同为"无意见""不同意""完全不同意者"，设定为 0，表示不具备社会困境认知；其余则为 1，表示具备社会困境认知	

结构方程模型估计的结果如图 7 – 24 所示。其中，由于社会困境认知对道德意识并没有显著影响，因此删除该路径后的估计结果。该模型意味着，当通勤者对社会困境有所认识，将更能体会到出行现状所引起的各种问题的严重性，进而激活其在出行方式选择时的道德意识。另外，拥有较高道德意识者会倾向选择公共交通出行。综上所述，若能让更多通勤者具

备社会困境认知，将有助于集体行为达到均衡转移阈值。因此，下文将对其效果进行分析。

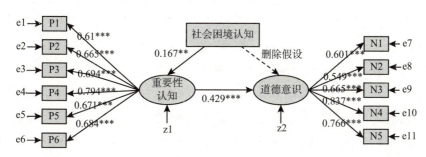

图 7 - 24 影响道德意识的结构方程模型

通过结构方程估计所得的系数，可以计算社会困境认知对道德意识的影响为 $0.167 \times 0.429 = 0.072$。另外，调查结果显示现状中社会困境认知的平均值（具有该认知的比例）为 0.41，可知具有该认知的受访者不足半数，仍有很大的提升空间。因此，以社会困境认知作为道德意识的前因变量，将政府部门实施的舆论宣传策略所增加的具有社会困境认知的比例，设定为 ΔSC，便可评估某一比例的通勤者具有社会困境认知时，影响道德意识而对达成均衡转移阈值的良性作用。例如，以"步行距离""停车收费"的政策组合为基础，考虑提升具有社会困境认知的比例而增强道德意识的效果时，能达成均衡转移阈值的政策组合将为：$\Delta h^* = 0.737 = 0.0056\Delta y_1 + 0.0951\Delta y_2 + (0.0072 \times 0.3681)\Delta SC$。其中，0.3681 是出行方式选择模型中道德意识的参数值（见表 7 - 10 中模型四）。

本 章 小 结

本章的主要研究成果归纳如下：

1. 影响出行方式选择行为的主要原因

在个人属性的出行特性方面，通勤者的上下班途中停靠次数越多，越倾向于选择驾车出行。固定工作制的通勤者较弹性工作制的通勤者更加倾向于选择公共交通出行。出行距离对出行方式选择的影响不十分显著，可能是因为不同的受访者对出行时间与出行成本的敏感度相差较大造成的。在个人的心理因素方面，道德意识越高者以及风险态度属于回避风险者，都倾向于公共交通工具。利己信念则对出行方式选择的影响不显著。在政策变量方面，随着步行距离与停车收费水平的提高，选择驾车出行的比例会下降。最后，群体平均选择水平对出行方式选择行为有着显著的正向影响，由于其参数值大于1，说明通勤者在出行方式选择行为上有着高度遵从他人的倾向，同时，该行为的平均选择水平有存在多重均衡的可能。

2. 集体行为的均衡分析

从现状分析来看，本书的实证区域的通勤者出行方式选择的集体行为正朝着劣势均衡状态做收敛。若政府部门不对现状加以干预，现状驾车出行的比例将从95%恶化到96.9%。而通过政策干预，使个体选择公共交通出行的效用增加量大于阈值 Δh^*（0.737）将能使政策干预达到最大边际效果。进而实现集体行为的均衡转移，使公共交通出行的比例由现状的5%增加到71.4%。换句话说，该政策干预仅需将略多于39%（临界质量）的个体选择公共交通出行，通过社会互动的影响，便能逐渐使更多的个体追随该行为，而达到71.4%（优势均衡）的公共交通出行比例。

3. 政策干预的评估

当集体行为达到均衡转移的阈值时，公共交通出行的比例将提高到约71.4%。如果想要通过政策干预促成均衡转移的阈值，在实施单一政策或组合政策所应导入的干预量的评估结果如下所述：

①步行距离的单一政策。通过停车设施的规划及改造，将停车位到目的地的平均步行距离从180米增加到320米以上。

②停车费用的单一政策。将停车收费的平均费用从17元/次，增加到25元/次以上。

③步行距离与停车费用的组合政策。设 Δy_1 为步行距离增加量，Δy_2

为停车收费的增加量，使 $0.0056\Delta y_1 + 0.0951\Delta y_2 > 0.737$。

④加入心理因素中的道德意识的评估。设 Δy_1 为步行距离增加量，Δy_2 为停车收费的增加量，ΔSC 为具有社会困境认知的比例增加量，使 $0.0056\Delta y_1 + 0.0951\Delta y_2 + (0.0072 \times 0.3681)\Delta SC > 0.737$。

第八章

结论与展望

第一节　主要结论

通勤者大量使用私家车是早晚高峰期交通拥堵的主要成因，如何有效地控制私家车通勤行为，鼓励乘坐公共交通工具交通需求管理（TDM）的关键问题。本书将通勤者出行方式选择行为视为一种消费行为，利用消费者行为理论描述出行方式选择行为的各种影响因素及决策过程。鉴于研究实证区域的特点，本章节将出行方式设定为：驾车通勤、乘坐公共交通工具通勤，其中，公用交通工具又包括公交车及轨道交通工具。从通勤者的角度，其对各种出行方式的态度与看法受到交通工具特有属性以及消费者行为理论中提出的各种因素影响（文化因素、社会因素、个人社会经济属性、心理因素、环境因素），所以本书所采用的属性变量为可观测的环境变量、个人属性以及主观心理变量，以了解各变量对消费者的影响以及变量之间的相互关系。

一、通勤者出行方式选择行为

依据消费者行为理论，通勤者在做出行方式选择的决策时，除了受到自身社会、经济条件以及对不同交通工具主观的态度与期望，还会受到外在环境条件的影响。后者即为本书定义的"停车费用"以及公共交通工具的出行成本（票价）与出行时间。除此之外，交通工具的服务质量也能够影响出行者的主观的态度与看法（心理因素），进而影响选择的偏好。因此，本书中加入了交通工具的服务质量变量进行分析。为了解通勤者在不同停车收费水平、公共交通工具的出行成本以及出行时间情境下，对于交通工具的选择行为，本书利用叙述性偏好（SP）调查数据，建立了私家车通勤者出行方式选择模型。分别以多项 Logit 与巢式 Logit 模型以及混合 Logit 为模型进行研究，并对模型的结果加以分析。

"私家车通勤者出行方式选择行为"调查问卷统计结果显示：约有40%的受访者并非居住于大连市城四区，显示每天通勤出行有相当数量的私家车由外围进入大连市中心城区，使得有限的市内道路更加拥挤。因此，抑制私家车的使用是重要的政策方向。停车费用的调查中更显示约56%的私家车通勤者不需要支付停车费用，该结果显示私家车的使用不符合"谁使用谁付费"的原则，且寸土寸金的城市中心区所能提供的停车空间有限，因此，征收（增加）停车费用是可使行的政策。通过交通工具服务质量的统计分析可知，受访者对于轨道交通的评价高于公交车，显示公交车的服务仍有大幅改善的空间。而影响私家车通勤者不选择公交车的主要原因包括"可靠性""舒适性""安全性"三类，因此，若能提升这三类的服务质量对于吸引私家车通勤者具有相当成效；影响私家车通勤者不选择轨道交通的主要原因在于"便捷性"，增设轨道交通线路及班次将吸引更多的私家车主改乘轨道交通。

通勤者出行方式选择的多元 Logit 模型的估计结果显示，考虑公共交通工具服务质量后，模型的概似值与概似比指标（ρ^2）均较好，因此加入交通工具服务质量虚拟变量可使模型的解释能力增加。由虚拟变量估计结果可知，与"可靠性""安全性""舒适性""便捷性"有关的服务质量对于通勤者选择行为有所影响，而属于公交车的虚拟变量的系数值普遍高于轨道交通，由此可知，提升公交车的服务质量能有效提高通勤者对于公交车的接受度，也显示公交车的服务质量仍有改善的空间。影响通勤者交通工具选择的因素除上述服务质量外，还包括个人属性（性别、年龄、婚姻、职业、教育程度、收入与居住地点等)、出行特性(家到工作地点的距离、家到轨道交通站的距离、工作地点到公交站点的距离、工作地点到轨道交通站的距离、停靠以及工作时制等)以及交通工具属性(出行时间与出行成本)。

通过巢式 Logit 模型的估计结果发现,对于通勤者而言,公交车与轨道交通并非相似的交通工具,因此,将其假设为同一巢的设计是不恰当的。而以混合 Logit 模型的估计结果虽然没有发现方案间具相关性,但发现方案间的不一致性。混合 Logit 模型探讨个体差异性的结果显示,应以"年龄"作为调节变量进行分析,可提升模型的解释能力。且模型的估计结果表示通勤者在交通工具选择行为上确实存在差异性,包括可观察的偏好差异性、可观察的回应差异性、不可观察的偏好差异性以及不可观察的回应差异性。出行方式选择行为模型中,方案间确实存在相关性或不一致性,且存在个体差异性,因此,以混合 Logit 模型所得的结果为较佳。

二、通勤者出行方式转移行为分析

出行方式转移模型是用以了解通勤者在面对与原使用交通工具不同的交通工具时,是否会转移至其他交通工具,在本书以有限理性为依据构造通勤者出行方式转移 Probit 模型。其转移机制可描述为:当通勤者一般化出行成本的节省值($GTS_{i,m}^{k}$)仍在通勤者的交通工具无差异带(IBM)中时,通勤者 i 则不会更换其原先使用的私家车,反之,则发生转移行为。

出行方式转移模型估计结果所得的解释变量可知,影响私家车通勤者对于公交车与轨道交通所形成的无差异带(IBM_{im}^{k})与个人属性、出行特性、服务质量有相当密切的关系(由 t 值检验可知所得变量均显著)。服务质量虚拟变量所对应的系数值皆为负,显示通勤者对于该项目的感受越为满意则对于所对应的交通工具越容易接受(因为无差异带降低),该结果与先验知识相符,故为合理的结果。

就一般化出行成本的部分而言,当出行时间与成本节省越多,则通勤者越容易转移至公共交通工具。且由出行成本节省的部分可知,当公交车与轨道交通的票价相同时（节省相同的成本），通勤者转移到轨道交通的倾向较高，此结果反映出两种交通工具在营运上的优劣关系，因此，公交车在营运上需以较低的票价才能够吸引更多的出行。

通过概似比检验可知，考虑服务质量虚拟变量的模型显著优于未考虑的模型，显示出公共交通工具的服务质量会影响私家车通勤者对公共交通工具的看法与感受。该结果与交通工具选择模型所得到的结果相吻合，显示本书所建立的转移模型为一合理的模型。

除此之外，由计算可知私家车通勤者对于公交车的平均无差异带（$IBM^{Bus}_{i,Auto} = 1.72$）大于轨道交通的平均无差异带（$IBM^{Transit}_{i,Auto} = 0.3$），显示私家车通勤者对于轨道交通系统的接受程度大于公交车系统，因此转移至轨道交通的倾向比转移至公交车的强。就模型所得的误差结构显示，通勤者对于公交车与轨道交通两方案在选择上具有相关性（γ_1）存在，呈显著正相关的关系，表示当通勤者决定选择其中一种公共交通工具时，则同时对于另一种交通工具也有正向的偏好。

三、考虑社会互动效应的出行方式选择行为分析

通勤者出行方式选择行为的本质是消费者行为，以往相关研究比较集中在个人因素、环境因素以及选择对象方面，往往忽略了集体行为对个人出行方式造成影响。本书将"通勤者无节制使用私家车出行"视为一种社会困境，以通勤者作为研究对象，构建考虑社会互动效应的出行方式选择行为模型，并分析集体行为的多重均衡。利用多重均衡中临界质量来分析集体行为如何达到均衡转移的阈值，进而对消除劣势均衡所应出台的政策干预进行定量评估。因此，从政府交通管理层面，通过对社会互动效应进行高信度的估计，了解了社会互动效应对出行者行为或态度上的影响，能够对政策作出更精确的评价。具体来说，在评价各种交通政策的实施效果时，可对"假如有多少比例的人选择了该行为，自然就会有其余的一些人也会赞同、跟随，而达到期望的社会状态"进行推测。意味着政府可着眼于应让多少比例的人们行为产生变化的政策评估，使财政资源能有效被

利用。

本书通过量化分析的方法，找到了集体行为转变的阈值，在推行相关交通政策时，只要干预程度超过该阈值，便能实现集体行为的均衡转移，使多数人由选择驾车出行转变为乘坐公交车出行，达到缓解交通拥堵的目的，具体如下：

1. 影响出行方式选择行为的主要原因

在个人属性的出行特性方面，通勤者的上下班途中停靠次数愈多，越倾向于选择驾车出行。固定工作制的通勤者较弹性工作制的通勤者更加倾向于选择公共交通出行。出行距离对出行方式选择的影响不十分显著，可能是因为不同的受访者对出行时间与出行成本的敏感度相差较大造成的。在个人的心理因素方面，道德意识越高者以及风险态度属于回避风险者，都倾向于公共交通工具。利己信念则对出行方式选择的影响不显著。在政策变量方面，随着步行距离与停车收费水平的提高，选择驾车出行的比例会下降。最后，群体平均选择水平对出行方式选择行为有着显著的正向影响，由于其参数值大于1，说明通勤者在出行方式选择行为上有着高度遵从他人的倾向，同时，该行为的平均选择水平有存在多重均衡的可能。

2. 集体行为的均衡分析

从现状分析来看，本书的实证区域的通勤者出行方式选择的集体行为正朝着劣势均衡状态做收敛。若政府部门不对现状加以干预，现状驾车出行的比例将从95%恶化到96.9%。而通过政策干预，使个体选择公共交通出行的效用增加量大于阈值 Δh^*（0.737）将能使政策干预达到最大边际效果。进而实现集体行为的均衡转移，使公共交通出行的比例由现状的5%增加到71.4%。换句话说，该政策干预仅需将略多于39%（临界质量）的个体选择公共交通出行，通过社会互动的影响，便能逐渐使更多的个体追随该行为，而达到71.4%（优势均衡）的公共交通出行比例。

3. 政策干预的评估

当集体行为达到均衡转移的阈值时，公共交通出行的比例将提高到约71.4%。如果想要通过政策干预促成均衡转移的阈值，在实施单一政策或组合政策所应导入的干预量的评估结果如下所述：①步行距离的单一政策。通过停车设施的规划及改造，将停车位到目的地的平均步行距离从 180 米增加到 320 米以上。②停车费用的单一政策。将停车收费的平均费用从 17 元/次，增加到 25 元/次以上。③步行距离与停车费用的组合政策。设 Δy_1 为步行距离增加量，Δy_2 为停车收费的增加量，使 $0.0056\Delta y_1 + 0.0951\Delta y_2 > 0.737$。④加入心理因素中的道德意识的评估。设 ΔSC 为具有社会困境认知的比例增加量，使 $0.0056\Delta y_1 + 0.0951\Delta y_2 + (0.0072 \times 0.3681)\Delta SC > 0.737$。

第二节　研究展望

一、本书未来延伸工作的展望

本书是以通勤者作为研究对象进行分析的，然而城市道路拥堵问题的成因不仅是通勤者的驾车出行，还包括以购物、休闲、出访等非通勤出行。后续研究可以从休闲、购物出行为研究范围进行深入研究，希望能全面了解城市中心区私家车出行者的交通工具选择行为。本书的调查结果显示，约有四成驾车通勤者是由城市外围进入到城市中心区的，可知大连市周边的主要交通路口在早晚高峰期的通行压力非常之大。目前，已有研究人员及政府相关部门开始针对"道路拥堵收费"进行研究与评估，因此，后续研究可以针对收取拥堵费用进行分析，以期全面了解各种收费政策对于私家车通勤者出行方式选择行为的影响。由混合 Logit 模型可知，方案之间确实存在相关性或变异数不一致的情况，因此，后续研究应加入多项 Probit 模型进行分析，能更好地了解方案间的关系，同时可以比较两种模型的优缺点。敏感度分析中，本章节仅对出行成本进了的分析，未来研究可以针对各种公共交通工具的各种服务质量进行探讨。

本书在运用社会互动理论对通勤者的出行方式选择进行探讨时，隐含了"行为主体间是完全掌握彼此行为"的假设，即每个人都会完全接受到完整的"他人行为的信息"并受其影响，这在现实中是不存在的。实际上，通勤者在接受群体中他人影响时，会因为时间差异与空间间隔而使其不能完整的接收他人的行为信息。因此，集体行为的均衡效果将可能与模型预测结果有所差异。有关如何将时空效果简明地整合在模型当中，是后续研究所应考虑的课题。当行为主体加入或退出群体时，都会影响到集体行为均衡的结果。而在本书中，并没有考虑实施政策干预后，因诱增潜在需求而造成交通工具转移的可能性。但在实际上，当政策干预使交通高峰期通行顺畅后，可能会吸引使用其他交通工具通勤者转移为驾车出行。如果要深入考虑该问题，需要将调查对象扩展为全部通勤者，同时，在模型构造方面，必须使用多元选择的互动模型来进行分析。在实施政策干预之后，会使更多的通勤者选择公用交通工具，此时，若没有对公共交通的容量及服务水平进行分析，将会导致容量不足或服务水平下降的状况。这样一来，选择公共交通的意愿与选择公共交通的人数反而会从原来的正向关系转变为负向关系。因此，如果想要确保集体行为的反应曲线是适用的，在进行相关研究时，传统的交通工具供需调查、分析工作是必不可少的。

　　类似于本书所采用的将社会互动效应纳入个体计量分析的分析方法，或许可以适用于城市交通规划与管理的各种交通行为，例如，私家车的节制使用、违章停车、旅游目的地选择、出发时间选择等。然而，在为交通管理部门提供制定政策法规的参照依据时，必须对以下问题进行深入研究：①什么情况下会产生社会互动；②社会互动的影响在时间轴上的波动程度；③谁会接受社会互动的影响等。未来对于社会互动效果的进一步研究，期望从另一个的角度进行，例如，可以考虑以态度理论作为基础，利用面板数据，针对上述问题进行探讨。

二、行为研究应用于交通规划中的展望

（一）对于交通行为调查的重新思考

　　以往对交通行为的调查（如出行方式调查、出行路线选择调查等）是

将交通行为视为一种"物理现象"来进行分析，因此，许多与交通行为有关的伴随行为几乎都在调查过程中被忽略。同时，也利用所谓"出行"的简化概念来把握交通行为。以"出行"来测定交通行为，是将"交通行为"视为人体在时间、空间里所进行的"物理移动"。若仅将"人体"视为"物质"，通过物理概念的"出行"来代表"人体的物理移动"，虽有简化，但并不违背常理。但若就"个人"而言，"交通行为"不只是代表人体的物理移动现象，且仅属于众多"人类行为"中的一种。因此，对于物理移动现象背后所具有的"意义"，在交通行为分析上将更具有探讨价值。例如，当头上下摆动时，也许是代表对某件事情表示肯定，也许是意味着在打瞌睡，或者是在跟人家打招呼；同样的一个动作，却有着许多不同的意义。对人类而言，若单纯只是要把握头部上下摆动的物理现象的属性（如角度、速度、加速度等），其实并不困难，但更重要的是要去思考这些物理现象背后的意义。

当个体产生交通行为时，除了将交通行为视为"物理移动"的外，还要设法去调查潜藏于人们行为背后的态度、感情等"心理学上的意义"。例如：出行时的幸福感、出行满意度等调查。调查结果可用于：①把握交通服务水平改善后，出行时幸福感的提升程度；②作为政府实施"行为转变策略"的参考。通过"行为转变策略"的实施，希望能让人们回避幸福感较低的出行方式，并选择使用具有较高幸福感的出行方式，有利于分析实施"提升人们幸福感"交通规划的可能性。更进一步，若以此心理学为基础的交通行为调查来开展交通规划，可以提升规划的整体水平。

交通规划若仅局限于探讨交通行为"物理层面"是不充分的；因此，在除了上述"心理学层面"调查外，仍需对交通行为中的"经济层面""社会学层面""生理学层面"等方面进行追加调查，以逐步完善交通规划。

在"经济层面"的交通行为调查方面，所收集的信息包括：在不同距离、不同交通工具的情况下，每个出行在特定终点的支出费用等。这项信息不仅有助于研究地区经济政策，同时也可让交通政策与地区经济发展政策结合，使其更具有明确的意义。在"社会学层面"的交通行为调查方面，则是要同时考虑到社会排除和社会包容的问题，并以提出普遍化设计原则为最终的努力目标。微观角度来看，这方面的调查有助于了解交通政策的改变对个体"主观幸福感"的影响；宏观角度来看，则有助于把握交通政策的改变对"社会凝聚性"的影响。

适当的运动将有助于维持良好的身体状态，因此，如何通过交通规划来提升人们利用步行、自行车来完成日常活动的意愿，在预防医学的领域里，具有重要的意义。对"生理学层面"的交通行为调查而言，举凡步行速度、伴随着步行所产生的运动量等数据，均有助于研究出较符合人们生活习惯，并能够与预防医学相互配合的交通规划。

以上的论点并不是在于否定传统的人出行调查、活动日记调查，而是希望在既有的基础上，追加心理学、经济学、社会学、生理学（特别是预防医学）等相关科学的观点，来发展出能涵盖多向度的交通行为调查。此外，在研究交通规划和相关的交通策略时，除了交通需求外，也必须要将其他学科所着重的影响要素纳入考虑。

（二）目前研究状况的内容

本书针对行为研究导入于交通规划学中的可能性，提出以下三个应用领域加以分析。

1. TDM 的行为转变研究

指出立足于态度理论上，针对态度、个人规范、感知行为控制、习惯、意图等各种有关社会心理与行为所进行的研究，其理论体系是非常有效的。

2. 交通需求预测

指出必须尊重用来描述行为"质的普遍性"的行为理论、心理理论的重要性，以及认识到不可能存在着能预测人类行为的确切数值的必要性。

3. 社会困境问题

指出伴随交通拥堵所出现的环境问题、违规停车、导入 TDM 时的困难等各种交通问题，属于一种社会困境，并论述了仅依赖如实施定价或提升交通服务水平的策略（结构策略）是无法本质性、根本性地解决社会困境问题。另外，提出欲启发人们的责任感与公共心，心理因素是不可欠缺的，其中探讨了"知识""信赖"与"道德"的重要性。此外，在导入各种策略以解决社会困境时，也不可忽略"临界质量理论"所可能扮演的重要角色。

（三）今后交通计划中的行为研究

经由以上三点的讨论，今后在交通规划中的行为研究方向已大致浮现。以下即针对几个探讨重点。而具体有关未来交通规划中的行为研究的重点，将整理以下五点。

1. 从数据说明主义到理论实证主义

关于累积"人类行为的普遍性"知识的传统方法，适合进入理论实证阶段的条件有：①在过往的各研究所累积的知识体系中，作为基本的理论假说者；②已通过调查或实验的实证资料来验证/反证其正确性的理论假说者；③已分析过其政策含义的理论假说者。由此可知，并不是盲目地通过统计模型的数据，来进行分析和讨论，而是针对备受期待且具有重大意义的理论假说，以实验或调查并加以分析来进行持续的探讨，方为一种能够有效累积"人类行为的普遍性"知识的方法。

2. 定量的交通需求预测概估

尽管在人类行为中，"定量的普遍性"并不存在，要对定量的需求进行预测是不可能的，但是，通过整合有关行为"质的普遍性"的知识，便能够对交通需求预测进行概估。

3. 行为转变研究的重要性

一般个体需求模式的功用，是针对效用函数中的说明变量，如费用或时间等，通过政策的操作，来考察人们行为变化的效果。然而，为了达成"行为转变"的诸多理论中所述，人们的行为转变并非通过单纯的过程就会发生，而是受到诸如习惯、意图等心理因素的影响而循序渐进地产生变化。例如，根据态度理论可知，仅通过费用与时间的操作，即进一步推论行为会产生转变的政策是过于轻率的。为了使人们的行为产生转变，有关"行为转变过程"的理论是极为有效的知识。特别是人们存有许多习惯性的行为，因此"习惯的解冻"技术，在未来的研究中也为重要的课题。

4. 态度转变

近年来交通规划的基本理念，已经从"交通量"所需的"交通服务水平"的"需求追随型计划"，转变为"现存交通服务水平"与"交通需求"互相对应的"需求管理（TDM）型计划"。然而，多数的 TDM 政策仍设定可通过费用、时间、服务水平等因素的操作，来影响人们的偏好结构与态度，企图调整交通需求，以此方针为基础的计划，称的为"态度追随型计划"。"态度追随型计划"的思维是基于"理性选择理论"的个体方法，因而假定了效用函数具有"量的普遍性"，这个思维也与社会困境研究中所定义的结构策略有如表里一般的存在。然而，人们的偏好与态度会随着各种因素而不断变化，且在社会困境：交通拥堵与环境恶化，以及违规停放汽车等问题的论述中也可了解到，结构策略无法本质性地解决社会困境。这意味着将人们的偏好与态度视为金科玉律的"态度追随型计划"，将无法本质性地解决各种交通问题。若以达到本质性的解决为目标时，必须通过呼吁来启动人们原有的合作意识与公共心理，并辅以确切的信息提供等，才能期待人们自主性地产生态度变化。

人们的偏好与态度的变化，可通过"知识的提供"与"说服"来达成。而这类相关信息可于大众媒体或人们平常接触到的倡导数据中予以提供。此外，也要将个别"面对面"接触的方法纳入考虑。当然，学校与家庭的教育过程也必须受到重视（罗斯，2001）。另外，运用价格等使行为产生暂时性变化的策略，也要加以考虑（藤井等，2004）。总之，分析这些策略，对于增进理论实证的成果是极为有效的方法。

此外，在目前政府财政捉襟见肘的情况下，更重要的是如何通过"活用"既有的设施来解决目前面临的"社会困境"问题，通过影响人们的认知、态度，来改变人们的行为，以解决社会困境问题。

5. 从市场理论到社会理论

金钱、权力、话语，三者不仅规定了人们的行为，也是维系社会秩序的关键。与金钱有关的部分是市场，即以经济学为中心所展开的各项研究；权力是以政治学为主；话语则是心理学、教育学、哲学等诸多社会科学所关注的对象。确实，市场理论是一个相对有用的理论体系，能够提供人们对合理的计划进行探讨时所需的相关知识。然而，经济学对于权力、话语方面的观点，是相当欠缺的。交通规划所关注的对象不单只是市场而已，还包含市场在内的社会全体，因此，仅依赖市场理论来进行分析将有所不足。因此，本书参考各种在社会科学领域中的知识，对于指向合理的交通规划而言是必要的。

附录一 城市通勤者出行方式选择行为的调查问卷

第一部分 受访者通勤出行行为

一、请问您日常上下班途中需要做其他目的的停靠吗？（如接送、购物等）

1. □需要，次/天，目的是：   2. □不需要

二、请填写您平常上班从出发到单位，各阶段所花的时间，无状况请填"0"。

1. 出发时间：____点____分；   2. 步行至停车位____分钟；

3. 开车时间：____分钟   4. 找停车位：____分钟；

5. 步行至工作地点____分钟

三、请填写您平常在工作地点所使用的停车设施类型？

1. □建筑物配建停车场   2. □路外公共停车场

3. □路内停车场   4. □其他

四、您需要支付的停车费用：元/月或元/天

五、请问您上班的工作时间是哪种方式？（若为固定制，请填写上下班时间）

1. □固定制：朝____晚____   2. □倒班制

3. □弹性工作制   4. □其他____

六、请问您是否因为工作原因而不与家人居住在一起？

1. □是（住宿舍或租房）   2. □否（在家居住）

七、目前居住地点：

1. □中山区   2. □西岗区

3. □沙河口区   4. □甘井子区

5. □高新区   6. □旅顺口

7. □开发区   8. □北三市

八、居住地点到工作地点的距离：

1. □5 公里以内   2. □5 ~ 10 公里

3. □10 ~ 20 公里   4. □20 ~ 40 公里

5. □40 公里以上

九、请根据您上班可乘坐的公共交通工具（公交车、轻轨、地铁）填答以下问题：

Q1. 居住地点到最近的公交车站的距离约为：

1. □100 米以内   2. □101 ~ 300 米

3. □301 ~ 500 米   4. □501 米以上

Q2. 居住地点到最近的轨道交通（轻轨、地铁）站的距离约为：

1. □500 米以内   2. □501 ~ 1 000 米

3. □1 001 ~ 2 000 米   4. □2 001 米以上

Q3. 工作地点到最近的公交车站的距离约为：

1. □100 米以内   2. □101 ~ 300 米

3. □301 ~ 500 米   4. □501 米以上

Q4. 工作地点到最近的轨道交通（轻轨、地铁）站的距离约为：

1. □500 米以内   2. □501 ~ 1 000 米

3. □1 001 ~ 2 000 米   4. □2 001 米以上

第二部分　轨道交通和公交车服务质量的满意程度调查

请您对各服务指标依据非常满意 5 分至非常不满意 1 分，在对应分值上画"○"。

服务指标	轻轨、地铁					公交车				
	非常满意	满意	普通	不满意	非常不满意	非常满意	满意	普通	不满意	非常不满意
到达时间准确性	5	4	3	2	1	5	4	3	2	1

续表

服务指标	轻轨、地铁					公交车				
	非常满意	满意	普通	不满意	非常不满意	非常满意	满意	普通	不满意	非常不满意
班次数量	5	4	3	2	1	5	4	3	2	1
等车时间长短	5	4	3	2	1	5	4	3	2	1
司乘人员态度	5	4	3	2	1	5	4	3	2	1
行驶中平稳舒适	5	4	3	2	1	5	4	3	2	1
车、站内清洁卫生	5	4	3	2	1	5	4	3	2	1
车内宽松程度	5	4	3	2	1	5	4	3	2	1
行驶平稳安全	5	4	3	2	1	5	4	3	2	1
上下车安全	5	4	3	2	1	5	4	3	2	1
站点的安全性	5	4	3	2	1	5	4	3	2	1
可达性（距离近）	5	4	3	2	1	5	4	3	2	1
携带物品方便	5	4	3	2	1	5	4	3	2	1
老、幼随行方便	5	4	3	2	1	5	4	3	2	1
换乘方便	5	4	3	2	1	5	4	3	2	1

第三部分　不乘坐公共交通工具的各项原因调查

请您依据非常重要 5 分至非常不重要 1 分，在对应分值上画"○"。

不乘坐公共交通工具的原因	非常重要	重要	一般	不重要	非常不重要
班次太少	5	4	3	2	1
转乘信息不足	5	4	3	2	1
不舒适、太挤	5	4	3	2	1
等车时间过长	5	4	3	2	1
选择时间过长	5	4	3	2	1
步行到车站距离过远	5	4	3	2	1
票价太高	5	4	3	2	1
工作需要	5	4	3	2	1
接送家人（朋友）	5	4	3	2	1

第四部分　假设情境问卷

本部分为意向性调查，下列选项中，不考虑等车时间及换乘等情况，请针对各情境所描述的情况，勾选您通勤上班会选择何种交通工具。

情境 1.1：　　　　　　　私家车 V.S 公共交通工具

使用汽车通勤	乘坐公交车通勤		选择结果
停车费增加值	公交票价（单程）	乘车时间	1. □汽车
5 元	1 元	25 分钟	2. □公交车

情境 1.2：　　　　　　　私家车 V.S 轨道交通工具

使用汽车通勤	乘坐轻轨或地铁通勤		选择结果
停车费增加值	轨道交通票价（单程）	乘车时间	1. □汽车
5 元	2 元	12 分钟	2. □轻轨/地铁

情境 1.3　　　　　　　　公交车 V.S 轨道交通工具

请参照以上两种情境中乘坐公交车以及轻轨（地铁）的状况，您会选择何种交通工具?
　　　　1. □汽车　　　　　　2. □轻轨/地铁

情境 2.1：　　　　　　　私家车 V.S 公共交通工具

使用汽车通勤	乘坐公交车通勤		选择结果
停车费增加值	公交票价（单程）	乘车时间	1. □汽车
10 元	1 元	25 分钟	2. □公交车

情境 2.2：　　　　　　　私家车 V.S 轨道交通工具

使用汽车通勤	乘坐轻轨或地铁通勤		选择结果
停车费增加值	轨道交通票价（单程）	乘车时间	1. □汽车
10 元	2 元	15 分钟	2. □轻轨/地铁

情境 2.3 公交车 V.S 轨道交通工具

请参照以上两种情境中乘坐公交车以及轻轨（地铁）的状况，您会选择何种交通工具？
 1. □汽车 2. □轻轨/地铁

情境 3.1 私家车 V.S 公共交通工具

使用汽车通勤	乘坐公交车通勤		选择结果
停车费增加值	公交票价（单程）	乘车时间	1. □汽车
20 元	1 元	30 分钟	2. □公交车

情境 3.2 私家车 V.S 轨道交通工具

使用汽车通勤	乘坐轻轨或地铁通勤		选择结果
停车费增加值	轨道交通票价（单程）	乘车时间	1. □汽车
20 元	2 元	12 分钟	2. □轻轨/地铁

情境 3.3 公交车 V.S 轨道交通工具

请参照以上两种情境中乘坐公交车以及轻轨（地铁）的状况，您会选择何种交通工具？
 1. □汽车 2. □轻轨/地铁

第五部分 受访者个人基本资料（请勾选）

一、性别：1. □男 2. □女

二、年龄：1. □20 岁以下 2. □21～30 岁 3. □31～40 岁

　　　　　4. □41～50 岁 5. □51～60 岁 6. □60 岁以上

三、婚姻状况：1. □已婚 2. □未婚

四、职业：1. □公务人员 2. □农业从业人员

　　　　　3. □工业企业人员 4. □商业、服务业

　　　　　5. □自由职业者 6. □其他(　　　)

五、学历：1. □高中以下　　2. □高中（职高）　　3. □专科

　　　　　4. □大学本科　　5. □研究生及以上

六、个人年均收入：

1. □3 万元以下　　2. □3 万 ~ 5 万元　　3. □5 万 ~ 8 万元

4. □8 万 ~ 12 万元　　5. □12 万元以上

本问卷至此已填写完毕，请检查是否有遗漏之处。感谢您的合作！

附录二　引入社会互动效应的出行方式选择行为调查问卷

第一部分　受访者个人基本资料及出行行为（请勾选）

一、性别：1. □男　　2. □女

二、年龄：1. □20 岁以下　　2. □21～30 岁　　3. □31～40 岁

4. □41～50 岁　　5. □51～60 岁　　6. □60 岁以上

三、婚姻状况：1. □已婚　　2. □未婚

四、职业：1. □公务人员　　　　2. □农业从业人员

3. □工业企业人员　　4. □商业、服务业

5. □自由职业者　　　6. □其他____

五、学历：1. □高中以下　　2. □高中（职高）　　3. □专科

4. □大学本科　　5. □研究生及以上

六、个人年均收入：

1. □3 万元以下　　2. □3 万～5 万元　　3. □5 万～8 万元

4. □8 万～12 万元　　5. □12 万元以上

七、目前居住地点：

1. □中山区　　2. □西岗区　　3. □沙河口区　　4. □甘井子区

5. □高新区　　6. □旅顺口　　7. □开发区　　8. □北三市

八、您能接受的最远的步行距离为（这里指以步行当作交通工具，不是指散步或健身）：

1. □150 米以内　　2. □150～250 米　　3. □250～350 米

4. □350～500 米　　5. □500 米以上

九、请问您日常上下班途中需要做其他目的的停靠吗？（如接送、购

物等）

1. □需要，次/天，目的是： 2. □不需要

十、请问您上班的工作时间是哪种方式？（若为固定制，请填写上下班时间）

1. □固定制：朝____，晚____ 2. □倒班制

3. □弹性工作制 4. □其他____

十一、请问您使用私家车上班的主要原因是（可多选）：

1. □乘坐舒适 2. □可以很接近目的地

3. □公交车需要换乘，不方便 4. □单位提供免费车位

5. □同事、朋友都开车上班 6. □显示身份

7. □无法使用其他交通工具 8. □其他原因

十二、请问您停完车后，步行至工作地点所花的时间约为

1. □几乎没意识到所花的时间 2. □1 分钟以内

3. □1 ~ 3 分钟 4. □3 ~ 5 分钟

5. □5 ~ 7 分钟 6. □超过 7 分钟

十三、您是否同意驾车上下班会造成环境与他人的困扰。

1. □非常同意 2. □同意 3. □无意见

4. □不同意 5. □完全不同意

第二部分 在"选择出行方式"时的考虑因素（请依据以往的经验，对每一题作答）

以下列出了通勤者在出行方式选择时可能考虑的因素，请问您在选择出行方式时，对下列题项考虑的程度怎样？

选择出行方式时的考虑因素	绝对会考虑	会考虑	无意见	不考虑	完全不考虑
是不是可以满足时间上的要求	□	□	□	□	□
各种出行方式的费用情况	□	□	□	□	□
能不能体现我的身份地位	□	□	□	□	□
会不会对城市空气质量造成影响	□	□	□	□	□
会不会影响道路交通的顺畅	□	□	□	□	□

续表

选择出行方式时的考虑因素	绝对会考虑	会考虑	无意见	不考虑	完全不考虑
是否影响他人出行的便利与舒适	☐	☐	☐	☐	☐
会不会影响社会的可持续发展	☐	☐	☐	☐	☐
会不会给道路交通安全带来隐患	☐	☐	☐	☐	☐
会不会出现交通事故	☐	☐	☐	☐	☐
会不会交通违章	☐	☐	☐	☐	☐
会不会因堵车而导致上班迟到	☐	☐	☐	☐	☐

第三部分 对城市中心区交通现状的看法（请对每一题作答）

就您所感受到市中心交通现状，回答对当前机动车出行造成的各种负面影响或困扰的各种看法，您的认同程度如何？

造成各种负面影响或困扰的看法	完全认同	认同	无意见	不认同	完全不认同
驾车出行会造成空气污染	☐	☐	☐	☐	☐
驾车出行占用公共资源，造成社会不公平	☐	☐	☐	☐	☐
驾车出行会带来交通安全隐患	☐	☐	☐	☐	☐
驾车出行对交通顺畅产生负面影响	☐	☐	☐	☐	☐
驾车出行对社会可持续发展有负面影响	☐	☐	☐	☐	☐
驾车出行会对社会、环境及他人造成困扰	☐	☐	☐	☐	☐

问卷类型 A

第四部分 通勤出行方式选择

假设只有两种出行方式，分别为①驾车通勤，②乘坐公共交通工具通勤。

1. 若全部通勤者都选择乘坐公共交通工具出行，换句话说，没有人开车去上班。以下提供了四种情境，您在每一种情境中会选择出行方式是什么？

虚拟情境	停车场距工作地点的距离	停车收费水平	请选择您的出行方式
情境 1	距工作地点需步行 1 分钟 （约 50 米）	每次 10 元	□驾车通勤□乘坐公交车通勤
情境 2	距工作地点需步行 3 分钟 （约 150 米）	每次 20 元	□驾车通勤□乘坐公交车通勤
情境 3	距工作地点需步行 5 分钟 （约 250 米）	每次 40 元	□驾车通勤□乘坐公交车通勤
情境 4	距工作地点需步行 7 分钟 （约 350 米）	每次 60 元	□驾车通勤□乘坐公交车通勤

问卷到此结束，在此感谢您的帮助与参与！

问卷类型 B

第四部分　通勤出行方式选择

假设只有两种出行方式，分别为①驾车通勤，②乘坐公共交通工具通勤。

1. 若90%通勤者都选择乘坐公共交通工具出行，换句话说，10%的通勤者开车去上班。请针对这样的出行状况可能造成的下列问题，表达您的认同程度：

造成各种负面影响或困扰的看法	完全同意	同意	无意见	不同意	完全不同意
出行状况对交通顺畅产生负面影响	□	□	□	□	□
出行状况对社会可持续发展有负面影响	□	□	□	□	□
出行状况对社会、环境及他人造成困扰	□	□	□	□	□
出行状况会造成空气污染	□	□	□	□	□
出行状况占用公共资源，造成社会不公平	□	□	□	□	□
出行状况会带来交通安全隐患	□	□	□	□	□

2. 以下提供了四种情境，您在每一种情境中会选择出行方式是什么？

虚拟情境	停车场距工作地点的距离	停车收费水平	请选择您的出行方式
情境 1	距工作地点需步行 1 分钟（约 50 米）	每次 10 元	□驾车通勤 □乘坐公交车通勤
情境 2	距工作地点需步行 3 分钟（约 150 米）	每次 20 元	□驾车通勤 □乘坐公交车通勤
情境 3	距工作地点需步行 5 分钟（约 250 米）	每次 40 元	□驾车通勤 □乘坐公交车通勤
情境 4	距工作地点需步行 7 分钟（约 350 米）	每次 60 元	□驾车通勤 □乘坐公交车通勤

问卷到此结束，在此感谢您的帮助与参与！

问卷类型 C

第四部分　通勤出行方式选择

假设只有两种出行方式，分别为①驾车通勤，②乘坐公共交通工具通勤。

1. 若 60% 通勤者都选择乘坐公共交通工具出行，换句话说，40% 的通勤者开车去上班。请针对这样的出行状况可能造成的下列问题，表达您的认同程度：

造成各种负面影响或困扰的看法	完全同意	同意	无意见	不同意	完全不同意
出行状况对交通顺畅产生负面影响	□	□	□	□	□
出行状况对社会可持续发展有负面影响	□	□	□	□	□
出行状况对社会、环境及他人造成困扰	□	□	□	□	□
出行状况会造成空气污染	□	□	□	□	□
出行状况占用公共资源，造成社会不公平	□	□	□	□	□
出行状况会带来交通安全隐患	□	□	□	□	□

2. 以下提供了四种情境，您在每一种情境中会选择出行方式是什么?

虚拟情境	停车场距工作地点的距离	停车收费水平	请选择您的出行方式
情境 1	距工作地点需步行 1 分钟（约 50 米）	每次 20 元	□驾车通勤 □乘坐公交车通勤
情境 2	距工作地点需步行 3 分钟（约 150 米）	每次 10 元	□驾车通勤 □乘坐公交车通勤
情境 3	距工作地点需步行 5 分钟（约 250 米）	每次 60 元	□驾车通勤 □乘坐公交车通勤
情境 4	距工作地点需步行 7 分钟（约 350 米）	每次 40 元	□驾车通勤 □乘坐公交车通勤

问卷到此结束，在此感谢您的帮助与参与!

问卷类型 D

第四部分　通勤出行方式选择

假设只有两种出行方式，分别为①驾车通勤，②乘坐公共交通工具通勤。

1. 若 30% 通勤者都选择乘坐公共交通工具出行，换句话说，70% 的通勤者开车去上班。请针对这样的出行状况可能造成的下列问题，表达您的认同程度:

造成各种负面影响或困扰的看法	完全同意	同意	无意见	不同意	完全不同意
出行状况对交通顺畅产生负面影响	□	□	□	□	□
出行状况对社会可持续发展有负面影响	□	□	□	□	□
出行状况对社会、环境及他人造成困扰	□	□	□	□	□
出行状况会造成空气污染	□	□	□	□	□
出行状况占用公共资源，造成社会不公平	□	□	□	□	□
出行状况会带来交通安全隐患	□	□	□	□	□

2. 以下提供了四种情境，您在每一种情境中会选择出行方式是什么？

虚拟情境	停车场距工作地点的距离	停车收费水平	请选择您的出行方式
情境1	距工作地点需步行1分钟（约50米）	每次10元	□驾车通勤 □乘坐公交车通勤
情境2	距工作地点需步行3分钟（约150米）	每次5元	□驾车通勤 □乘坐公交车通勤
情境3	距工作地点需步行5分钟（约250米）	每次30元	□驾车通勤 □乘坐公交车通勤
情境4	距工作地点需步行7分钟（约350米）	每次15元	□驾车通勤 □乘坐公交车通勤

问卷到此结束，在此感谢您的帮助与参与！

问卷类型 E

第四部分　通勤出行方式选择

假设只有两种出行方式，分别为①驾车通勤，②乘坐公共交通工具通勤。

1. 若全部通勤者都选择乘坐公共交通工具出行，换句话说，没有人开车去上班。以下提供了四种情境，您在每一种情境中会选择出行方式是什么？

虚拟情境	停车场距工作地点的距离	停车收费水平	请选择您的出行方式
情境1	距工作地点需步行1分钟（约50米）	每次60元	□驾车通勤 □乘坐公交车通勤
情境2	距工作地点需步行3分钟（约150米）	每次40元	□驾车通勤 □乘坐公交车通勤

续表

虚拟情境	停车场距工作地点的距离	停车收费水平	请选择您的出行方式
情境3	距工作地点需步行5分钟 （约250米）	每次20元	□驾车通勤 □乘坐公交车通勤
情境4	距工作地点需步行7分钟 （约350米）	每次10元	□驾车通勤 □乘坐公交车通勤

问卷到此结束，在此感谢您的帮助与参与！

问卷类型 F

第四部分　通勤出行方式选择

假设只有两种出行方式，分别为①驾车通勤，②乘坐公共交通工具通勤。

1. 若90%通勤者都选择乘坐公共交通工具出行，换句话说，10%的通勤者开车去上班。请针对这样的出行状况可能造成的下列问题，表达您的认同程度：

造成各种负面影响或困扰的看法	完全同意	同意	无意见	不同意	完全不同意
出行状况对交通顺畅产生负面影响	□	□	□	□	□
出行状况对社会可持续发展有负面影响	□	□	□	□	□
出行状况对社会、环境及他人造成困扰	□	□	□	□	□
出行状况会造成空气污染	□	□	□	□	□
出行状况占用公共资源，造成社会不公平	□	□	□	□	□
出行状况会带来交通安全隐患	□	□	□	□	□

2. 以下提供了四种情境，您在每一种情境中会选择出行方式是什么？

虚拟情境	停车距离工作地点的距离	停车收费水平	请选择您的出行方式
情境 1	距工作地点需步行 1 分钟 （约 50 米）	每次 60 元	□驾车通勤 □乘坐公交车通勤
情境 2	距工作地点需步行 3 分钟 （约 150 米）	每次 40 元	□驾车通勤 □乘坐公交车通勤
情境 3	距工作地点需步行 5 分钟 （约 250 米）	每次 20 元	□驾车通勤 □乘坐公交车通勤
情境 4	距工作地点需步行 7 分钟 （约 350 米）	每次 10 元	□驾车通勤 □乘坐公交车通勤

问卷到此结束，在此感谢您的帮助与参与！

问卷类型 G

第四部分　通勤出行方式选择

假设只有两种出行方式，分别为①驾车通勤，②乘坐公共交通工具通勤。

1. 若 60% 通勤者都选择乘坐公共交通工具出行，换句话说，40% 的通勤者开车去上班。请针对这样的出行状况可能造成的下列问题，表达您的认同程度：

造成各种负面影响或困扰的看法	完全同意	同意	无意见	不同意	完全不同意
出行状况对交通顺畅产生负面影响	□	□	□	□	□
出行状况对社会可持续发展有负面影响	□	□	□	□	□
出行状况对社会、环境及他人造成困扰	□	□	□	□	□
出行状况会造成空气污染	□	□	□	□	□
出行状况占用公共资源，造成社会不公平	□	□	□	□	□
出行状况会带来交通安全隐患	□	□	□	□	□

2. 以下提供了四种情境，您在每一种情境中会选择出行方式是什么？

虚拟情境	停车场距工作地点的距离	停车收费水平	请选择您的出行方式
情境 1	距工作地点需步行 1 分钟 （约 50 米）	每次 40 元	□驾车通勤 □乘坐公交车通勤
情境 2	距工作地点需步行 3 分钟 （约 150 米）	每次 60 元	□驾车通勤 □乘坐公交车通勤
情境 3	距工作地点需步行 5 分钟 （约 250 米）	每次 10 元	□驾车通勤 □乘坐公交车通勤
情境 4	距工作地点需步行 7 分钟 （约 350 米）	每次 20 元	□驾车通勤 □乘坐公交车通勤

问卷到此结束，在此感谢您的帮助与参与！

问卷类型 H

第四部分 通勤出行方式选择

假设只有两种出行方式，分别为①驾车通勤，②乘坐公共交通工具通勤。

1. 若 30% 通勤者都选择乘坐公共交通工具出行，换句话说，70% 的通勤者开车去上班。请针对这样的出行状况可能造成的下列问题，表达您的认同程度：

造成各种负面影响或困扰的看法	完全同意	同意	无意见	不同意	完全不同意
出行状况对交通顺畅产生负面影响	□	□	□	□	□
出行状况对社会可持续发展有负面影响	□	□	□	□	□
出行状况对社会、环境及他人造成困扰	□	□	□	□	□
出行状况会造成空气污染	□	□	□	□	□
出行状况占用公共资源，造成社会不公平	□	□	□	□	□
出行状况会带来交通安全隐患	□	□	□	□	□

2. 以下提供了四种情境，您在每一种情境中会选择出行方式是什么？

虚拟情境	停车场距工作地点的距离	停车收费水平	请选择您的出行方式
情境 1	距工作地点需步行 1 分钟（约 50 米）	每次 40 元	□驾车通勤 □乘坐公交车通勤
情境 2	距工作地点需步行 3 分钟（约 50 米）	每次 60 元	□驾车通勤 □乘坐公交车通勤
情境 3	距工作地点需步行 5 分钟（约 50 米）	每次 10 元	□驾车通勤 □乘坐公交车通勤
情境 4	距工作地点需步行 7 分钟（约 50 米）	每次 20 元	□驾车通勤 □乘坐公交车通勤

问卷到此结束，在此感谢您的帮助与参与！

参 考 文 献

[1] Ajzen I. Attitudes, Personality, and Behavior [M]. //Open University Press, 2005.

[2] Ajzen, I. The theory of planned behavior [J]. Organizational Behavior and Human Decision Processes, 1991, 50 (2): 179–211.

[3] Aronson, E., Wilson, T. D., Akert, R. M. Social Psychology [M]. Upper Saddle River, NJ: Prentice Hall, 2010.

[4] Ball, P. Critical mass: how one thing leads to another [R]. New York, NY: Farrar, 2006.

[5] Bamberg, Rolle, Weber. Dose Habitual Car Use Not Lead to More Resistance toChange of Travel Mode [J]. Transportation, 2003, 30 (3): 97–108.

[6] Bamberg S., Hunecke, M., Blöbaum, A. Moral norm, social context and the use of public transport-results of two field studies [J]. Journal of Environmental Psychology, 2007, 27 (2): 190–203.

[7] Bamberg, S., Rolle, D., and Weber, C., Dose Habitual Car Use Not Lead to More Resistance to Change of Travel Mode, Transportation, Vol. 30, 2003: 97–108.

[8] Bamberg S., Schmidt, P. Incentives, morality, or habit? Predicting student's car use for university routes with the models of Ajzen, Schwartz, and Triandis [J]. Environment and Behavior, 2003, 35 (1): 1–22.

[9] Bamberg S., Schmidt P. Theory-driven subgroup-specific evaluation of an intervention to reduce private car use [J]. Journal of Applied Social Psychology, 2001, 31 (4): 1300–1329.

[10] Bates J. J. Econometric Issues in stated preference analysis [J]. Journal of Transport Economics and Policy, 1988, 22 (1): 59 – 69.

[11] Bell, P. A. , Greene, T. , Fisher, J. , Baum A. S. Environmental Psychology [M]. Mahwah, NJ: Lawrence Erlbaum Associates, 2001.

[12] Ben-Akiva, M. , D. Bolduc. Multinomial Probit with a logit kernel and a general parametric specification of the covariance structure [R]. MIT: Working Paper, Department of Civil Engineering, 1996.

[13] Ben-Akiva M. , Lerman S. R. Discrete choice analysis: Theory and application to travel demand [M]. Cambridge: The MIT Press, 1985.

[14] Ben-Akiva, M. , Walker J. , Bernardino A. T. , Gopinath D. A. , Morikawa T. Integration of Choice and Latent Variable Models [C]. The Eighth Meeting of the International Association of Travel Behavior Research, 1997.

[15] Ben-Elia E. , Shiftan Y, Erev I. A behavioral approach to modeling route choice decisions with real time information [C]. ETC Proceedings of European Transport Conference, Amsterdam, the Netherlands, 2007.

[16] Bhat, C. R. Accommodating Variations in Responsiveness to Level-of-ServiceMeasures in Travel Mode Choice Modeling [J]. Transportation Research Part A, 1998, 32 (4): 495 – 507.

[17] Bhat, C. R. A Heteroscedastic Extreme Value Model of Intercity Mode Choice [J]. Transportation Research Part B, 1995, 6 (1): 471 – 483.

[18] Bianco, M. J. Effective Transportation Demand Management: Combining Parking Pricing, Transit Incentives, and Transportation Management in a Commercial District of Portland, Oregon [R]. Transportation Research Record, 2000 (1711): 46 – 54.

[19] Blanck, P. D. Interpersonal expectations: Theory, research, and applications [M]. New York, NY: Cambridge University Press, 1993.

[20] Blume, L. , Brock, W. , Durlauf, S. , Ioannides, Y. Identification of Social Interactions [J]. Handbook of Social Economics, 2011: 853 – 964.

［21］ Boyd, J. H. , Mellman R. E. The Effect of Fuel Economy Standards on the U. S. Automotive Market: An Hedonic DemandAnalysis ［J］. Transportation Research Part A, 1980, 14（1）: 67 –378.

［22］ Bradley M. Realism and adaptation in designing hypothetical travel choice concepts ［J］. Journal of Transport Economics and Policy, 1988, 22（1）: 121 –137.

［23］ Brock, W. , and Durlauf, S. Discrete choice with social interactions ［J］. Review of Economic Studies, 2001, 68（1）: 235 –260.

［24］ Brown Ian, Tyler Nick. Users'Responses to the Implementation of an Innovative Accessible Bus Service in a Remote Rural Area ［C］. Warsaw, Poland: 9th International Conference on Mobility and Transport for Elderly and Disabled People, 2001.

［25］ Brownstone D. , Train K. Forecasting New Product Penetration with FlexibleSubstitution Patterns ［J］. Journal of Econometrics, 1999, 89（3）: 109 –129.

［26］ Cardell, N. S. , Dunbar, F. C. Measuring the Societal Impacts of AutomobileDownsizing ［J］. Transportation Research A, 1980, 14（2）: 423 –434.

［27］ Chatterjee K. , Mcdonald M. Effectiveness of using variable message signs to disseminate dynamic traffic information: Evidence from field trails in European cities ［J］. Transport Reviews, 2004, 24（5）: 559 –585.

［28］ Choocharuku K. , Van H. T. , Fujii S. Psychological effects of travel behavior on preference of residential location choice ［J］. Transportation Research Part A, 2008, 42（1）: 116 –124.

［29］ Chorus C. G, Arentze T. A, Timmermans H. J. P. , et al. Travelers' need for information in traffic and transit: results from a web survey ［J］. Journal of Intelligent Transportation Systems, 2007, 11（2）: 57 –67.

［30］ Cochran W. G. , Cox M. G. , Cox G. M. , et al. 実験計画法［M］. 丸善, 1960.

［31］ Coleman J. Foundations of Social Theory ［M］. Cambridge MA:

Harvard University Press, 1990.

[32] Daganzo, C. F. Multinomial Probit: The Theory and its Application to Demand Forecasting [M]. Academic Press, New York, 1979.

[33] David H. , Jordan L. , Joffre S. Combining sources of preference data [J]. Journal of Econometrics, 1998, 89 (1): 197 – 221.

[34] David T. Kollat, James F. Engel, Roger D. Blackwell. Current Problems in Consumer Behavior Researc [J]. Journal of Marketing Research, 1970, 7 (3): 327 – 332.

[35] Dawes, R. and Messick, D. Social dilemmas [J]. International Journal of Psychology, 2000, 35 (2), 111 – 116.

[36] Dawes, R. Social dilemmas [C]. Annual Review of Psychology, 1980 (31): 169 – 193.

[37] De Palma A. , Picard N. Route choice decision under travel time uncertainty [J]. Transportation Research Part A, 2005, 39 (4): 295 – 324.

[38] Donald C. Shoup. Cruising for parking [J]. Transport Policy, 2006, 13 (6): 479 – 486.

[39] Ducker, K. , J. Strathman, and M. J. Bianco [R]. TCRP Report 40: Strategies to Attract Automobile Users to Public Transportation. Washington, D. C. : National Research Council, 1998.

[40] Dugundji, E. R. , Páez, A. , Arentze, T. A. , Walker, J. L. Transportation and social interactions [J]. Transportation Research Part A, 2011, 45 (1): 239 – 247.

[41] Durlauf, S. A. Framework for the Study of Individual Behavior and Social Interactions [J]. Sociological Methodology, 2001, 31 (1): 1 – 47.

[42] Dziekan K. , Vermeulen A. J. Psychological effects and design preferences for real-time information displays [J]. Journal of Public Transportation, 2006, 9 (1): 71 – 89.

[43] Engel, Blackwell and Kollat. Consumer Behavior [M]. 2rdE d, The Dryden Press, 1978.

［44］ Fishbein M. , Ajzen I. Beliefs, Attitude, Intention and Behavior: An Introduction to Theory and Research ［M］. Addison-Wesley, MA: Readin: 288 – 381.

［45］ Fowkes A. S. , Button K. L. An evaluation of car ownership forecasting techniques ［J］. International Journal of Transport Economics, 1996, 4 (2): 115 – 143.

［46］ Fowkes T. , Wardman M. The design of stated preference travel choice experiments ［J］. Journal of Transport Economics and Policy, 1988, 22 (1): 27 – 44.

［47］ Fujii, Garling. Application of Attitude Theory for Improved Predictive Accuracy ofPreference Method in Travel Analysis ［J］. Transportation Research Part A, 2003, 37 (1): 389 – 402.

［48］ Fukuda, D. and Morichi, S. Incorporating aggregate behavior in anindividual's discrete choice: An application to analyzing illegal bicycle parkingbehavior, 2007 ［J］. Transportation Research Part A, 41, 313 – 325.

［49］ Fukuda, D. Morichi, S. Incorporating aggregate behavior in an individual's discrete choice: An application to analyzing illegal bicycle parking behavior ［J］. Transportation Research Part A, 2007, 41 (3): 313 – 325.

［50］ Granovetter, M. Threshold models of collective behavior ［J］. American Journal of Sociology, 1978, 83 (6): 1420 – 1443.

［51］ Greene W. H. NLOGIT-VERSION 3. 0 ［CP］. Econometric Software Inc, New York, 2002.

［52］ Hair, J. F. , Black, W. C. , Babin, B. J. , Anderson, R. E. Multivariate Data Analysis ［R］. Upper Saddle River, NJ: Pearson Prentice Hall, 2010.

［53］ Happell B. , Byrne L. , McAllister M, et al. Consumer involvement in the tertiary-level education of mental health professionals: A systematic review ［J］. International journal of mental health nursing, 2014, 23 (1): 3 – 16.

［54］ Hardin G. The tragedy of the commons ［J］. Science, 1968 (162):

1243 - 1248.

[55] Harland P. , Staats H. , Wilke, H. A. M. Explaining pro-environ-mental intention and behavior by personal norms and the theory of planned behavior [J]. Journal of Applied Social Psychology, 1999, 29 (1): 2505 - 2528.

[56] Hato E. , Taniguchi M. , Sugie Y. , et al. Incorporating an informa-tion acquisition process into a route choice model with multiple information sources [J]. Transportation Research Part C, 1999, 7 (2 - 3): 109 - 129.

[57] Hausman J. A. , Wise D. A. A. Conditional Probit Model for Qualita-tive Choice Discrete Decisions Recognizing Interdependence and Heterogeneous Preferences [J]. Econometria, 1978, 46 (2): 403 - 426.

[58] Heath, Y. , Gifford, R. Extending the theory of planned behavior: Prediction the use of public transportation [J]. Journal of Applied Social Psy-chology, 2002, 32 (1): 2154 - 2189.

[59] Hensher D. A, Greene W. H. Specification and estimation of the nes-ted logit model: Alternative normalizations [J]. Working Paper, Stem School of Business, New York University, NY, 2000.

[60] Hensher, D. A. , King, J. Parking demand and responsiveness to supply, pricing and location in the Sydney central business district [J]. Trans-portation Research Part A, 2001 (35): 177 - 196.

[61] Hensher D. A, Ton T. T. A comparison of the predictive potential of ar-tificial neural networks and nested logit models for commuter mode choice [J]. Transportation Research Part E, 2000, 36 (3): 155 - 172.

[62] Hensher, David A. Prioni, Paola. A Service Quality Index for Area-wide Contract Performance Assessment [J]. Journal of Transport Economics and Policy, 2002, 36 (1): 93 - 113.

[63] Hess, D. B. Effect of Free Parking on Commuter Mode Choice: Evi-dence from Travel Diary Data [R]. Transportation Research Board, Washington D. C. : Transportation Research Record, 2001 (1753): 5 - 42.

[64] Hunecke M. , Blobaum, A. , Matthies, E. , Hoger, R. Respon-

sibility and environment-ecological norm orientation and external factors in the domain of travel mode choice behavior [J]. Environment and Behavior, 2001, 33 (4): 845 – 867.

[65] Jiun-Hung Lin, Tzong-Ru Lee, William Jen. Assessing asymmetric response effect ofbehavioral intention to service quality in an integrated psychological decision-makingprocess model of intercity bus passengers: a case of Taiwan [J]. Transportation, 2008 (35): 129 – 144.

[66] Johansson M. V, Heldt T. , Johansson P. The effects of attitudes and personality traits on mode choice [J]. Transportation Research Part A, 2006, 40 (6): 507 – 525.

[67] Kattak A. J. , Schofer J. L. , Koppelman F. S. Commuters'enroute diversion and return decisions: Analysis and implications for advanced traveler information systems [J]. Transportation Research Part A, 1993, 27 (2): 101 – 111.

[68] Khattak A. J. , Yim Y. , Stalker L. Willingness to pay for travel information: combining revealed and stated preferences with a random effects negative binomial regression model [C]. The 79th Annual Meeting of the Transportation Research Board, 1999.

[69] Kim D. , Lehto X. Y, Morrison A. M. Gender differences in online travel information search: Implications for marketing communications on the internet [J]. Tourism Management, 2007, 28 (2): 423 – 433.

[70] Kitamura R. , Chen C. , Pendyala R. M. Generation of synthetic daily activity-travel patterns [J]. Transportation Research Record, No. 1607, 1997: 154 – 162.

[71] Kline R. B. Principles and practice of structural equation modeling [M]. Guilford press, 2011.

[72] Kroes E. , Sheldon R. J. Stated preference method: An introduction [J]. Journal of Transport Economics and Policy, 1988, 22 (1): 22 – 25.

[73] Kunkel T. , Doyle J. P. , Funk D. C. Exploring sport brand develop-

ment strategies to strengthen consumer involvement with the product-The case of the Australian A-League [J]. Sport Management Review, 2014, 17 (4): 470 - 483.

[74] Kuppam A. R. , Pendyala R. M. , Gollakoti M. A. V. Stated response analysis of effectiveness of parking pricing strategies for transportation control [J]. Transportation Research Board, No. 1649, TRB, National Research Council, Washington D, C. , 1998: 3946.

[75] Lee M. C. Factors influencing the adoption of internet banking: An integration of TAM and TPB with perceived risk and perceived benefit [J]. Electronic Commerce Research & Applications, 2009, 8 (3): 130 - 141.

[76] Lenz B. , Nobis C. The changing allocation of activities in space and time by the use of ICT- "Fragmentation" as a new concept and empirical results [J]. Transportation Research Part A, 2007, 41 (2): 190 - 204.

[77] Mahmassani H. , D. Stephan. Experimental investigation of route and departure time dynamics of urban commuters [J]. Transportation Research Record, 1988, 12 (3): 69 - 84.

[78] Mahmassani H. S. , Chang, G. L. On Boundedly-Rational User Equilibrium in Transportation Systems [J]. Transportation Science, 1987, 21 (2): 88 - 89.

[79] Mahmassani H. S. Dynamic Models of CommuterBehavior: Experimental Investigation and Application to the Analysis of Planned Traffic Disruptions [J]. Transportation Research part A, 1990, 24 (6): 465 - 484.

[80] Mahmassani H. S. , Jayakrishnan, R. System Performance and User Response Under Real-Time Information in a Congested Traffic Corridor [J]. Transportation Research part A, 1991, 25 (5): 293 - 308.

[81] Mahmassani, H. S. , Jou, R. Bounded Rationality in Commuter Decision Dynamics: Incorporating Trip Chaining in Departure Time and Route Switching Decisions [J]. Theoretical Foundations of Travel Choice Modeling, 1998, 201 - 229.

［82］ Mahmassani H. S. , Liu, Y. Dynamics of Commuting Decision Behaviour Under Advanced Traveller Information Systems ［J］. Transportation Research part C, 1999, 7 (2/3): 91 – 107.

［83］ Manski, C. Economic Analysis of Social Interactions ［J］. Journal of Economic Perspectives, 2000, 14 (3): 115 – 136.

［84］ Manski, C. Identification of Endogenous Social Effects: The Reflection Problem ［J］. Review of Economic Studies, 1993, 60 (2): 531 – 542.

［85］ Manski, C. Identification Problems in the Social Sciences ［M］. Cambridge, MA: Harvard University Press, 2007.

［86］ Maria Vredin Johansson and Tobias Heldt. Latent variables in a travel mode choice model: Attitudinal and behavioral indicator variables ［J］. Working paper. 2005 (5): 3 – 6.

［87］ Matthies, E. , Klöckner, C. A. , and Pressner, C. L. , Applying a Modified Moral Decision Making to Change Habitual Car Use: How Can Commitment Be Effective?, Applied Psychology: An International Review, Vol. 55, 2006: 91 – 106.

［88］ McFadden, D. and Train, K. Mixed MNL Models for Discrete Response ［J］. Journal of Applied Econometrics, 2000, 15 (4): 447 – 470.

［89］ McFadden, D. Modelling the choice of residential location, in A. Karlquist et al. (ed.), Spatial interaction theory and residential location ［C］. North-Holland, Amsterdam, 1978: 75 – 96.

［90］ McFadden D. The Choice Theory Approach to Market Research ［J］. Marketing Science, 1978, 5 (4): 275 – 297.

［91］ Mehranian M. , Wachs M. , Shoup D. , Platkin, R. Parking Cost and Mode Choices Among Downtown Workers: A Case Study ［R］. Transportation Research Board, Washington D. C. Transportation Research Record, 1987 (1130): 1 – 5.

［92］ Moffitt, R. Policy Interventions, Low-Level Equilibria, and Social Interactions ［C］. Social Dynamics, MA: MIT Press, 2001: 45 – 82.

[93] Mohammad R. , Tayyaran M. Impacts of Telecommuting and Related Aspects of Intelligent Transportation Systems on Residential Location Choice: A Combined Revealed and Stated Preference Approach [D]. Ottawa: National Library of Canada, 2000.

[94] Mulaik S. A. , James L. R. , Van Alstine J. , et al. Evaluation of Goodness-of-Fit Indices for Structural Equation Models [J]. Psychological Bulletin, 1989, 105 (3): 430 – 445.

[95] Noar, S. M. The Role of Structural Equation Modeling in Scale Development [J]. Structural Equation Modeling, 2003, 10 (4): 622 – 647.

[96] Nordlund A. , Garvill J. Effects of values, problem awareness, and personal norm on willingness to reduce personal car use [J]. Journal of Environmental Psychology, 2001, 23 (2): 339 – 347.

[97] Ortuzar J. D. , Garrido R. A. A practical assessment of stated preferences methods [J]. Transportation, 1994, 21 (3): 289 – 305.

[98] Palma, A. , Rochat, D. Mode Choice for Trips to Work in Geneva: an Empirical Analysis [J]. Journal of Transport Geography, 2000, 8, (4): 43 – 51.

[99] Paul Watters, Margaret O'Mahony. Response to cash outs for work place parking and work place parking charges [J]. Transport Policy, 2006, 13 (6): 503 – 510.

[100] Philip Kotler, Gary Armstrong. Principles of Marketing [M]. Beijing: Qinghua university press, 2007, 2 (11).

[101] Rasheed K. O. , Olanipekun O. J. , Sydney A. A. Effect of Product Package on Brand Involvement in Consumer Goods Markets of Lagos State Nigeria [J]. American Journal of Marketing Research, 2015, 1 (3): 193 – 200.

[102] Revelt, D. , K. Train. Mixed logit with repeated choices [J]. Review of Economics and Statistics, 1998 (80): 647 – 657.

[103] R. Kitamura. An evaluation of activity-based travel analysis [J]. Transportation, 1988, 15 (1): 3 – 34.

[104] Schelling, T. C. Micromotives and Macrobehavior [M]. New York, NY: W. W. Norton, 2006.

[105] Schwartz, S. H. Normative Influences on Altruism [J]. Advances in Experimental Social Psychology, 1977 (10): 221 – 279.

[106] Shoup D. C., Pickrell D. H. Free parking as a transportation problem [J]. National Technical Information Service, 1980: 7709 – 7809.

[107] Simon H. A. A. Behavior Model of Rational Choice [J]. Quarterly Journal of Economics, 1955 (69): 99 – 118.

[108] Simon, H. A. Rational Choice and Structure of the Environment [J]. Quarterly Journal of Economics, 1956 (73): 129 – 138.

[109] Srinivasan K. K., Mahmassani, H. S. Analyzing Heterogeneity and Unobserved structural Effects in Route-Switching Behavior Under ATIS: A Dynamic Kernel Logit Formulation [J]. Transportation Research Part B, 2003, 37 (1): 793 – 814.

[110] Srinivasan S., Ferreira J. Travel behavior at the household level: Understanding linkages with residential choice [J]. Transportation Research Part D, 2002, 7 (3): 225 – 242.

[111] Srinivasan S., Rogersb P. Travel behavior of low-income residents: Studying two contrasting locations in the city of Chennai, India [J]. Journal of Transport Geography, 2005, 3 (3): 265 – 274.

[112] Stem E. Reactions to congestion under time pressure [J]. Transportation Research Part C, 1999, 7 (2 – 3): 75 – 90.

[113] Stern, P. C., Toward a Coherent Theory of Environmentally Significant Behavior, Journal of Social Issues, Vol. 56, 2000: 407 – 424.

[114] Thogersen, J., Promoting Public Transport as a Subscription Service: Effects of a Free Month Travel Card [J]. Transport Policy, Vol. 16, 2009: 335 – 343.

[115] Train, K. Discrete Choice Methods with Simulation [M]. Cambridge: Cambridge University Press, 2003.

[116] Tsirimpa A. , Polydoropoulou A. , Antoniou C. Modelling the impact of advanced traveller information systems on travellers'behavior: Puget Sound Region case study [C]. ETC Proceedings of European Transport Conference, Strasbourg, France, 2005.

[117] Vadarevu, Stopher. Household Activities, Life Cycle, and Role Allocation [J]. Journal of the Transportation Research Board, 1996, 155 (6): 77 - 85.

[118] Verplanken B. , Aarts H. , Knippenberg A. Habit, Information Acquisition and theProcess of Making Travel Mode Choices [J]. European Journal of Social Psychology, 1997, 27 (4): 539 - 560.

[119] Wen C. H, Koppelman F. S. The generalized nested logit model [J]. Transportation Research Part B, 2001, 35 (7): 627 - 641.

[120] Willson, R. and Shoup, D. The Effects of Employer Paid Parking in Downtown Los Angles [R]. Los Angeles: Southern California Association of Governments, 1990.

[121] YAO Enjian, Morikawa T. A study on nested logit modechoice model for intercity high-speed rail system with combined RP/SP data [J]. Traffic and Transportation Studies Proceedings of ICTTS, 2002: 612 - 619.

[122] Yoram Shiftana, Rachel Burd-Eden. Modeling the Response to Parking Policy [R]. Transportation Research Record, 2000.

[123] Zaichkowshy J. L. Measuring the Involvement Construct [J]. Journal of Consumer Research, 1985, 12 (6): 341 - 352.

[124] [美] 保罗·彼德, 杰里·C. 奥尔森著, 韩德昌 (主译). 消费者行为与营销战略 [M]. 大连: 东北财经大学出版社, 2000.

[125] 白玉方等. 出行者公交出行意愿影响因素研究 [J]. 重庆交通大学学报, 2012 (1): 72 - 76.

[126] 薄乐. 北京市停车政策对出行选择的影响研究 [D]. 北京: 北京交通大学, 2009 (6): 27 - 30.

[127] 陈坚. 出行方式选择行为的 SEM-Logit 整合模型 [J]. 华南理

工大学学报，2013（2）：51 - 65.

[128] 陈坚. 出行行为与公交定价理论及应用研究 [D]. 成都：西南交通大学，2012.

[129] 陈坚，杨亚璨，李小兵等. 基于 SEM 的城市公交方式选择行为模型 [J]. 交通运输系统工程与信息，2014，14（5）：202 - 208.

[130] 陈团生，岳芳，杨玲玲等. 老年人出行选择行为影响因素研究 [J]. 西南交通大学学报（社会科学版），2007，8（5）：17 - 21.

[131] 陈筱葳. 城际出行者交通工具选择行为的研究 [D]. 台湾：逢甲大学交通工程与管理学系硕士班硕士论文，2002.

[132] 陈旭梅，童华磊，高世廉. 城市轨道交通与可持续发展 [J]. 中国科技论坛，2001（1）：12 - 14.

[133] 段良雄. 交通工具感觉空间的界定方法 [J]. 运输计划，1984，13（4）：447 - 493.

[134] 方开泰，马长兴. 正交与均匀试验设计 [M]. 北京：科学出版社，2001.

[135] [日] 福田大辅，上野博義，森地茂. 社会的相互作用存在下での交通行動とミクロ計量分析 [C]. 土木学会論文集，2004：49 - 64.

[136] 付建广. 提高公交出行率关键技术研究 [J]. 城市发展研究，2014，21（1）：79 - 83.

[137] 关宏志等. 考虑停车费用支付者的出行方式选择模型[J]. 土木工程学报，2008（4）：91 - 94.

[138] 关宏志，王山川，姚丽亚等. 基于 SP 和 RP 数据融合的城市轨道交通选择模型 [J]. 北京工业大学学报，2007，33（2）：203 - 207.

[139] 关宏志，严海，李洋. 考虑停车费用支付者的出行方式选择模型 [J]. 土木工程学报，2008，52（4）：91 - 94.

[140] 国务院办公厅. 国务院办公厅转发建设部等部门关于优先发展城市公共交通意见的通知 [R]. 北京：国办发 [2005] 46 号，2005，9.

[141] 何保红，王伟，陈峻. 城市 P & R 出行者选择行为模型[J]. 哈尔滨工业大学报，2009，41（4）：243 - 246.

[142] 何瑞春，李引珍，张峻屹等. 城市居民出行选择预测模型及实证研究 [J]. 交通运输系统工程与信息，2007，7（6）：80－84.

[143] 黄芳铭. 结构方程模式：理论与应用 [M]. 北京：中国税务出版社，2005.

[144] 黄海军等. 公共与个体竞争交通系统的定价研究 [J]. 管理科学学报，1998，1（2）：17－23.

[145] 黄树森，宋瑞，陶媛. 大城市居民出行方式选择行为及影响因素研究——以北京市为例 [J]. 交通标准化，2008（9）：124－128.

[146] 姜涛. 城市机动车停车收费问题研究 [D]. 北京：北京工业大学，2006（6）：27－32.

[147] 焦朋朋，陆化普. 基于意向调查数据的非集计模型研究 [J]. 公路交通科技，2005，22（6）：114－117.

[148] 景鹏，隽志才，查奇芬. 考虑心理潜变量的交通方式选择行为模型 [J]. 中国公路学报，2014，27（11）：84－92，108.

[149] 景鹏，隽志才. 计划行为理论框架下城际出行方式选择分析 [J]. 中国科技论文，2013，8（11）：1088－1094.

[150] 景鹏，隽志才，贾玲玉. 采用均匀设计 SP 调查的交通方式选择建模与敏感性分析 [J]. 预测，2012，31（4）：75－80.

[151] 赖文泰. 不同大众运输供给地区旅运者之大众运具使用行为分析 [J]. 运输计划季刊，2011，40（3）：287－308.

[152] 赖文泰，吕锦隆. 应用涉入理论于运具选择行为之研究 [J]. 运输计划季刊，2008，37（2）：237－262.

[153] 李珊珊. 基于交通需求管理的城市机动车停车收费费利率研究 [D]. 昆明：昆明理工大学，2008（3）：59－62.

[154] 李志斌，王讳，杨晨等. 机动车尾气污染对居民出行选择的影响 [J]. 交通信息与安全，2009，27（3）：56－59.

[155] 刘蛴，高璇. 基于非集计模型的公交出行选择预测模型 [J]. 公路，2010（5）：136－139.

[156] 栾琨，隽志才，宗芳. 通勤者出行方式与出行链选择行为研究

[J]. 公路交通科技, 2010, 27 (6): 107-111.

[157] 罗建, 薛锋. 基于改进蚁群优化算法的客运专线旅客出行方式选择 [J]. 系统工程. 2008, 26 (1): 82-85.

[158] 毛保华, 曾会欣, 袁振洲. 交通规划模型及其应用 [M]. 北京: 中国铁道出版社, 1999.

[159] 潘驰, 赵胜川. 基于 Logit 模型的大连市居民通勤出行行为研究 [J]. 交通信息与安全, 2012, 30 (3): 32-38.

[160] [日] 藤井聡. TDM と社会のジレンマ: 交通問題解消における公共心の役割 [C]. 土木学会論文集, 2001: 41-58.

[161] [日] 藤井聡. モビリティ・マネジメント入門: ~「人と社会」を中心に据えた新しい交通戦略~ [M]. 学芸出版社, 2008.

[162] 王曼等. 基于停车行为的定价策略研究 [J]. 山东交通学院学报, 2008 (3): 37-41.

[163] 王庆瑞. 运输系统规划 [R]. 台北市: 亚联工程顾问公司, 1996.

[164] 王炜. 出行需求分析的新方法: 活动模型的应用研究 [J]. 公路交通科技, 2008, 25 (5): 111-115.

[165] 王雯静, 干宏程. 小汽车与轨道交通出行方式选择行为分析 [J]. 城市交通, 2010 (3): 36-40.

[166] 王孝坤, 饶秋丽, 唐春艳, 葛颖恩. 通勤者出行链类型与交通方式选择的相互影响 [J]. 交通运输系统工程与信息, 2014, 14 (2): 144-149.

[167] 杨飞, 陈林, 杨桥东. 应用正交设计法的公交出行意愿与政策分析 [J]. 中国科技论文, 2013, 8 (11): 1083-1087.

[168] 杨励雅, 邵春福, HAGHANI A. 出行方式与出发时间联合选择的分层 Logit 模型 [J]. 交通运输工程学报, 2012 (2): 48-54.

[169] 杨励雅, 朱晓宁. 快速城市化进程中居民出行的方式选择 [J]. 中国软科学, 2012 (2): 71-79.

[170] 杨露萍. 小汽车通勤出行方式向公共交通转移模型研究 [D].

北京交通大学，2014.

[171] 杨敏，陈学武，王炜等. 通勤出行简单链和复杂链的选择行为研究 [J]. 武汉理工大学学报（交通科学与工程版），2008，32（2）：191 - 194.

[172] 杨志伟. 基于 ATIS 的交通出行信息选择行为及支付意愿研究 [D]. 大连：大连理工大学，2010.

[173] 殷焕焕，关宏志，秦焕美等. 基于非集计模型的居民出行方式选择行为研究 [J]. 武汉理工大学学报（交通科学与工程版），2010，34（5）：1000 - 1003.

[174] 詹达颖. 城市运输需求个体行为模型的研究 [D]. 台湾：国立成功大学，1978.

[175] 詹贞仪. 内部管理与互动质量因素对顾客关系质量影响效果之研究——以台湾地区人寿保险业为对象 [D]. 台湾：淡江大学，2002.

[176] 张萌，孙全欣，陈金川等. 北京市女性出行行为研究 [J]. 交通运输系统工程与信息，2008，8（2）：19 - 26.

[177] 张喜. 基于意向调查数据的非集计运量预测模型估计的研究 [J]. 铁道学报，2000，22（2）：10 - 15.

[178] 张政，毛保华，刘明君等. 北京老年人出行行为特征分析 [J]. 交通运输系统工程与信息，2007，7（6）：11 - 20.

[179] 张之虎，关宏志，秦焕美，薛运强. 小汽车出行群体向公交出行转移的可行性研究 [J]. 交通标准化，2014（17）：5 - 8.

[180] 赵鹏，藤原章正，杉惠赖宁. SP 调查方法在交通预测中的应用 [J]. 北方交通火学学报，2000，24（6）：29 - 32.

[181] 赵莹，柴彦威. 基于出行链的居民行为决策影响因素分析 [J]. 城市发展研究，2010，17（10）：96 - 101.